龙华英烈故事集

龙华烈士纪念馆　编著

少年儿童出版社

《龙华英烈故事集》编辑委员会

主　　编　邹　强

副 主 编　朱晓丽

执行编辑　李　俊

执　　笔　郭泷阳　王　雅　陆娅妮　绪梦莹　费璐怡
　　　　　高　蕾　侯春炜　张　岚　肖　昕　张　莹
　　　　　郭陈霞　黄梦荻　顾慧枫　贾昕贤　陈玉琳
　　　　　翁　怡　温联柳　易冰影　李梦园　孙赟栋

序

上海，英雄辈出之城；

龙华烈士陵园，英烈永生之所。

这里是烈士鲜血浸染的热土。龙华革命烈士纪念地是中国共产党人尤其是早期的领导者们为国为民英勇斗争、慷慨就义之地，牺牲于此的共产党人人数之多、职务之高、影响之大，在全国其他地方鲜有类似。

这里是照亮信仰的殿堂。龙华烈士陵园内的烈士纪念馆所陈列的"英雄壮歌——上海英烈纪念展"集中展示了257位英雄人物的生平事迹。它深刻记录了上海在各个历史时期和重要革命事件中的历史记忆，全面叙述了党的诞生及其后的磨砺成长、探索辉煌的民族复兴史诗。

这里是缅怀英雄的圣地。龙华烈士陵园作为全国爱国主义教育示范基地、全国中小学生研学实践教育基地，是党和国家的红色基因库。龙华烈士纪念馆始终以弘扬民族精神、时代精神和上海城市精神为己任，让信仰之火熊熊不息，让红色基因融入血脉，让红色精神激发力量，为打造全国性的革命烈士纪念地、初心使命教育地和红色文化传播地而持续努力。

习近平总书记强调，教育兴则国家兴，教育强则国家强。青少年是祖国的未来、民族的希望,是党史、新中国史、改革开放史、社会主义发展史教育的重点群体。引导青少年了解和学习英烈人物事迹,是贯彻党的教育方针、落实立德树人根本任务的需要,更是培养德智体美劳全面发展的社会主义建设者和接班人的必然要求。革命英雄人物及事迹作为青少年接受革命传统教育的重要素材,如何讲好这些英烈人物故事,帮助青少年更好地理解和学习英烈精神,是我们需要不断探索和实践的课题。

为充分发挥革命红色文化铸魂育人的功能,弘扬"祖国至上、无私奉献、锐意创新"的龙华英烈精神,本书从257位展陈人物中选出35位具有代表性的英烈,讲述他们的英雄事迹,汇编成册,增强青少年对伟大祖国、中华民族、中国共产党、中国特色社会主义的认同,使红色基因代代相传。

龙华烈士纪念馆编委

目录

祖国至上

红色日记映初心——中国共产党革命者俞秀松 / 003

生命的战歌——为妇女解放而斗争的战士向警予 / 007

留得豪情作楚囚——中国青年的楷模恽代英 / 012

为民族复兴鞠躬尽瘁——中国共产党牺牲的第一位中央政治局委员罗亦农 / 017

黄昏之贼——不辞牺牲的革命志士赵世炎 / 023

定以生命守护——中央文库守护者陈为人 / 028

家国保卫者——英勇悍将姚子青 / 033

如果爱国有罪,我愿终生坐牢——爱国七君子之一邹韬奋 / 038

舍小家为大家——"孤岛"时期的职妇领袖茅丽瑛 / 043

一条毛毯的红色见证——工人运动领袖王孝和 / 047

秘密的404办公室——民主战士黄竞武 / 054

冲锋陷阵为信仰 戎马一生守家国——战斗英雄饶惠谭 / 058

无私奉献

无产阶级的先锋 劳动运动的健将——工人运动领导者李启汉 / 067

骨已成灰为革命——杰出工人运动领袖邓中夏 / 073

五卅火种——中国工人运动的先锋顾正红 / 077

躬身力行为奉献——"小列宁"陈延年 / 081

抛家舍业——"农民运动大王"彭湃 / 086

大公无私，践行使命——为工人运动辞官的杨殷 / 090

以身许党 无悔青春——中国共产党第一位女党员缪伯英 / 095

竹死不变节，花落有余香——"变节是不可能的"杨匏安 / 100

隐蔽战线上的传奇人物——红色特工钱壮飞 / 105

绝命家书——抗日英雄蔡炳炎 / 111

"燃烧"自己，点燃他人生命——模范军医吕士才 / 116

从"家睦"到"加木"——献身边疆的科学家彭加木 / 120

锐意创新

"从教育中获取新武器"——青年人的革命导师杨贤江 / 127

"我们的战友"——革命志士佘立亚 / 131

报业巨子——《申报》总经理史量才 / 135

隐形收报机——电台烈士李白 / 139

科研没有舒服路——一代"焊神"曾乐 / 144

一生才能建桥梁——桥梁工程专家李国豪 / 148

从学徒到发明家——工人出身的科学家蔡祖泉 / 151

折纸飞机的男孩——"两弹一星"元勋钱学森 / 155

司法改革的燃灯者——"时代楷模"邹碧华 / 159

梦圆地铁——"上海地铁之父"刘建航 / 163

播种未来——"种子方舟"建造者钟扬 / 167

祖国至上

龙华英烈故事集

外國語學社

俞秀松

小学生 红|色|阅|读|书|系

红色日记映初心
——中国共产党革命者俞秀松

人物介绍

俞秀松（1899—1939），浙江诸暨人。1920年参加上海马克思主义研究会，后参加中国共产党上海发起组。同年8月，参与创建上海社会主义青年团，任书记。1922年后，任第一届团中央执行委员、中共上海地委委员等职。1925年赴莫斯科学习。1935年受苏共中央委派到新疆，任反帝总会秘书长兼新疆学院院长等职。1937年因苏联肃反运动扩大化遭逮捕。1939年在莫斯科遇害。

有这样一本日记，它记载了中国共产党史上的重要时刻；有这样一个人，他用一生高举起共产党人的旗帜。

他就是俞秀松，中国共产党早期杰出的革命活动家，中国共产党上海发起组发起人之一，中国社会主义青年团创始人之一。1920年8月22日，在中国共产党上海发起组的领导下，中国第一个社会主义青年团——上海社会主义青年团在上海霞飞路新渔阳里6号成立。团组织成立后，俞秀松担当起了发展组织、对团员和进步青年传播马克思主义的重任。

在上海市龙华烈士纪念馆中藏有俞秀松于1920年6月至7月写的日记，现为国家一级文物。

这本日记很轻，小小的一本，算上封面总共才62页；但它却又很重，因为它在其中记载了一个改变时代的历史重要节点——1920年6月28日。正是俞秀松的日记，将陈望道首译《共产党宣言》中文全译本的事实完整地记录下来，也成为了中共党史里至关重要的珍贵文件。

1920年俞秀松写的日记

俞秀松在日记中记载着："1920年6月27日夜，望道叫我明天送他所译的《共产党宣言》到独秀家里去。这篇宣言原是德语，现在一时找不到了，所以用英、俄、日三国的译文来校对。"后来他在第二天日记中又写道："1920年6月28日，9点到独秀家，将望道翻译的《共产党宣言》交给他，我们谈些翻译书的事，总该精细……"我们从这本日记上可以了解到，《共产党宣言》中文全译本是由陈望道所译，并且是采用了英、俄、日三国的译文来校对完成的。除了体现当时革命先辈学风严谨外，还能从中看出当时他们对《共产党宣言》的重视。随着《共产党宣言》中文版的出版，千千万万的大众都从中尝到了真理的甘甜，从此马克思主义在中国破空而出、蓬勃发展，星星之火点燃了神州大地。

可能有人会问：这本日记是如何被发现的？

1991年的某一天，浙江诸暨的一个小山村，俞秀松的妹妹在打扫柴房的时候，发现角落里有一个破旧的竹篮，篮子上落着一层厚厚的尘土，发出一股难闻的味道，她随手把篮子丢到了门口，忽然一本破旧的小册子映入眼帘。她赶忙捡起小册子，当她看见小册子上的文字时，眼眶湿润了，因为这正是她那位早已为革命献身的大哥——俞秀松的亲笔字迹。龙华烈士纪念馆的工作人员听说此事后，在第一时间征集到了这件珍贵文物。俞秀松的后人俞敏先生深情地说："父亲作为烈士，他的遗物只有放在你们这里，才是最恰当的。"

历史的长河浩浩荡荡，奔流向前，如今再读俞秀松的这本日记，它不仅仅只是一本简单的个人日记，它更是映射着马克思主义和中国共产党革命历程的一星烛火。它用只言片语，传述着不可忘却的记忆，承载着生生不息的共产主义精神，指引着我们在新的时代昂首高歌，一路前行！一批批共产党员和群众在日记前驻足观看，聆听着历史的声音。一批批青少年在展柜前仰望先烈，牢记着自己的使命。俞秀松的这本日记曾一度被历史的尘灰掩盖，但最终绽放光芒，引导着一代又一代青年，投身到祖国的建设中去。

向警予

生命的战歌
——为妇女解放而斗争的战士向警予

人物介绍

向警予（1895—1928），湖南溆浦人。早年赴法勤工俭学。1922年回国后参加中国共产党。中共二大后任中共中央第一任妇女部长。1924年，任国民党上海执行部青年妇女部助理。1925年领导各阶层妇女投入五卅运动，同年赴莫斯科学习。1927年在武汉从事工人运动和主编党的刊物《长江》（又名《大江》）。中共第四届中央委员、中央局委员。1928年在武汉被捕，不久在狱中就义。

1928年3月20日，在武汉法租界三德里96号，几十名荷枪实弹的巡捕如临大敌。而他们的对手，竟然只是一名柔弱的女子。

如果不是出卖她的叛徒宋若林亲自带路，这帮巡捕无论如何也想不到，眼前这位身体瘦弱、衣着简朴的女子，就是让他们寝食难安的向警予。

向警予是中国共产党早期重要领导人之一，杰出的共产主义战士,忠诚的无产阶级革命家,中国妇女运动的先驱。她家境殷实,曾是家乡小镇上第一个上学的女孩子,也是当地第一位办学的女校长。她是老一辈无产阶级革命家蔡和森的妻子。

向警予看到当时中国女性受到的不公平待遇,她认识到,"妇女解放"可不是太太小姐们涂在脸上的胭脂、喷在身上的香水,唯有日月换新天,妇女才能得解放。她怀着"妇女解放"和"教育救国"的抱负,创办学堂,培养人才。

1924年12月21日,向警予在上海女界国民会议促成会成立大会上发表演说

1924年,向警予来到上海,具体领导上海妇女运动。初到苏州河之北,向警予学着说难懂的上海方言,唱陌生的方言歌,做着粗重的家务活儿,和女工姐妹打成一片,成为她们的好朋友。她们亲切地称她为"向大姐"。向警予在上海闸北创办工人夜校,姐妹们最初不愿意来上课,于是她想起刚学会的上海话歌谣《女工苦》,"老板心太狠,我伲像犯人。黑心领班女工头,凶暴又

残忍。做工稍不慎，打骂重罚甚至赶出门……"每次夜校上课前，她领着女工们一起唱起这歌谣。渐渐地，女工们有了反抗压迫和剥削的觉悟。在向警予等人的帮助下，女工们向厂方提出"恢复我们的工资，恢复我们的工会"等16项条件，展开了轰轰烈烈的罢工运动。在有识之士的帮助下，最终女工所提出的要求得到社会各界的支持。

1928年，向警予不幸被捕入狱，但她没有停止斗争，在狱中坚持向难友们宣传革命道理，传递妇女解放的思想。每次受刑回来，难友们看到她血肉模糊的身体，都难过得直掉眼泪，可她仍然鼓励大家要斗争到底。唯有在深夜，这位顽强如铁的女战士才会展露内心深藏的柔软，她总是一个人背靠墙角，悄悄拿出一张照片，轻轻地抚摸，长久地凝视……照片上，正是她的一双儿女。她是多么想念孩子们啊！但当太阳升起，她又以饱满的热情投入战斗。因为她知道，只有创造一个新的世界，孩子们才能过上真

向警予（左一）与家人的合影

正幸福的生活。

诀别的日子终于来了。1928年5月1日这天,向警予很早就起来了,特地换上了那件在法国结婚时穿过的油绿色旗袍,从容穿过沿途的人群,走向刑场。看着茫茫人海,她胸中的热血化作了最后的呐喊,沿途向广大群众进行演讲。反动政府的宪兵们殴打她,想让她闭嘴,她依然不停止。凶残的敌人便往她嘴里塞石头,用皮带勒住她的脸颊,在她头上、身上留下了斑斑血痕……

枪声响起,这位为了革命奋斗终生的女子,倒在了这片她深深热爱的土地上。她用鲜血铺成了路,指引着我们继续向前。

在奔腾不息的历史长河中,向警予的生命只是一朵转瞬即逝的浪花,但她作为革命先行者追求真理和正义、为人民谋幸福的伟大精神,已融入了中华文明的大江大海,永不枯竭!这种生生不息的英雄精神,激励着我们在新的时代昂首高歌,一路前行!

浪迹江湖敌旧游，
故人生死各千秋。
已拼忧患寻常事，
留得豪情作楚囚。

恽代英 一九三一年

恽代英

留得豪情作楚囚
——中国青年的楷模恽代英

人物介绍

恽代英（1895—1931），江苏武进人。1921年参加中国共产党。1923年主编团中央机关刊物《中国青年》。1924年在第一次国共合作时期参加国民党上海执行部工作，后参与领导五卅运动、南昌起义和广州起义。曾担任黄埔军校政治教官。中共第五届中央委员，中共第六届中央候补委员。1930年在上海任中共沪东区委书记时被捕，后被关押在龙华国民党淞沪警备司令部。1931年于南京就义。

"政治太黑暗了，教育太腐败了，衰老沉寂的中国像是不可救药了，但是我们常听见青年界的活动。许多人都相信中国的唯一希望，便要靠这些还勃勃有生气的青年……"这是恽代英在《中国青年》创刊号上发表的一篇振聋发聩的开首语。恽代英创办《中国青年》并担任主编，该刊作为中国社会主义青年团中央机关刊物，诞生于1923年10月20日上海淡水路66弄4号，从它诞生的第一天起，就以英勇无畏的革命精神，在青年中传播和宣扬马克思列宁主义，培养和影响了整整几代青年。

恽代英，18岁考入武汉中华大学预科，在学生时期就积极参加革命活动，24岁时参与领导了武汉地区的五四运动，26岁参与发起成立了早期共产主义组织"共存社"，31岁担任黄埔军校政治教官，还担任了中共中央宣传部和组织部秘书长等重要职位，先后参加南昌起义、广州起义。他和李大钊、陈独秀、邓中夏等人都有交往，他们对他的思想发展产生了很大影响。

《中国青年》

恽代英作为中国革命青年运动的领导人之一，为中国早期青年运动做出了不可磨灭的功绩。他能诗善文，口才极佳，是一位演讲天才，只要听过他演讲的青年都会被他的革命热情所感染，我党早期很多重要的干部都是听过他演讲后走上革命道路的。许多老同志回忆他的演讲时说道："我们都被他的激情感动了。"郭沫若曾这样说过："在大革命前后的青年学生们，凡是稍微有点进步思想的，不知道恽代英，没有受过他的影响的人，可以说没有。"

1928年，恽代英回到上海，担任中共中央组织部秘书，协助部长周恩来的工作。他负责举办干部训练班，并和周恩来、李立三等到训练班给学员讲课，为各地训练和输送了大批高素质干部。

1929年初，他担任中共中央宣传部秘书长一职，主编《红旗》等刊物。

1930年5月，时任中共沪东区委书记的恽代英身穿短衫，一副普通工人的打扮，带着一包传单到杨树浦路上的老怡和纱厂门口与人联系工作。等候时意外遇见巡捕搜查，他赶紧将传单扔在周围隐蔽处。恽代英虽然装扮成了工人模样，但巡捕见他戴眼镜，并从他身上搜出自来水笔、手表，便生疑心，随后又在他附近搜出一包宣传单，当即就将他作为疑似共产党人逮捕起来。

恽代英（右一）与父亲、弟、妹的合影

当时恽代英机智地抓破了自己的脸，谎称自己是从武汉来上海找工作的失业工人，化名"王作霖"，故敌人一时未能弄清他的真实身份，以"工人擅自开会"的罪名判他5年徒刑。

同年8月他被押往苏州监狱，次年2月又被押到南京江东门外国民党的"中央军人监狱"，关押期间得知"龙华24烈士"牺牲的消息后，义愤填膺，当即在监狱的墙壁上写下了一首七绝诗句："浪迹江湖数旧游，故人生死各千秋。已拚忧患寻常事，留得豪情作楚囚。"

党中央非常重视恽代英的安全，尽全力组织开展营救工作。

在各方努力下，恽代英本已有提前释放的希望，他的妻子探监时甚至说到要他准备下个月出狱。不幸的是，当月下旬，谁都无法预料的事竟然发生了，中央特科负责人顾顺章叛变了，作为乞降活命的条件，他向敌人透露了恽代英就关在南京中央军人监狱里的消息。蒋介石得知此消息后惊喜不已，马上令军法司长王震南亲自到狱中核查，他拿出了恽代英在黄埔军校时的照片，恽代英的真实身份至此方才暴露。蒋介石威逼利诱，恽代英加以痛斥，蒋介石大为愤怒，下令将其就地枪决。恽代英最终牺牲于南京，年仅36岁。

新中国成立后，1950年5月，周恩来为纪念恽代英牺牲19周年题词，并对其一生做了高度评价："中国青年热爱的领袖——恽代英同志牺牲已经十九年了，他的无产阶级意识、工作热情、坚强意志、朴素作风、牺牲精神、群众化的品质、感人的说服力，应永远成为中国革命青年的楷模。"

周恩来为恽代英题词

罗亦农

为民族复兴鞠躬尽瘁
——中国共产党牺牲的第一位中央政治局委员罗亦农

人物介绍

罗亦农(1902—1928),湖南湘潭人。1921年留学期间参加中国共产党,任中共旅莫斯科支部书记。1925年回国后,任中共江浙区执委会书记等职。1927年参与领导上海工人三次武装起义,同年任中共中央组织局主任、中共第五届中央委员,八七会议当选中共中央临时政治局委员,后任中共中央政治局常委等职。1928年在上海被捕,后于龙华就义。

20世纪初期的上海,黄浦江畔满是错落有致的楼房,南京路上的商户门庭若市,这是当时中国最大最繁华的城市。在法租界马思南路(今思南路)吴兴里的报馆里有一个不起眼的校对小工,手捧着《新青年》杂志反复研读,他被里面关于马克思主义的文章深深吸引,同时也被杂志主编陈独秀深深吸引,他就是青年时期的罗亦农。

1902年，罗亦农出生于湖南湘潭，原名罗善扬，字慎斋，后易名"亦农"，为表明既要服务工人，亦要服务农民的决心。父亲罗子厚是当地著名的富绅，曾在当地做过团总，后在易俗河街上开商行做生意。虽然罗亦农家境十分富裕，但他却很爱和村上的穷孩子玩在一起，到处摸爬滚打，也因此经常受到父亲的斥责。罗亦农未满7岁时，父亲就将他送进私塾读书，但私塾古板的读书方式令罗亦农心生反感，直到11岁时遇到启蒙老师郭月钦。郭月钦思想开明，主张社会变革，提倡实业救国，这也燃烧起罗亦农强烈的求知欲望。罗亦农14岁时考进了美国人创办的教会学校读书，在校期间他非常反感教会的神学课，于1917年毅然决然选择退学，只身一人来到了上海。

《中湘罗氏四修族谱》上有关于罗亦农的记载

来到上海之后，罗亦农看到那些金发碧眼的外国人在华夏大地上趾高气扬，这更加触动他的内心，他暗自下了决心，要改变这乱世种种不平现象。1921年10月，经上海中国共产党早期组织的介绍，罗亦农与刘少奇、任弼时等同志一起赴莫斯科东方大学学习。罗亦农被大家推举为中国班的负责人。在莫斯科的学习任务是非常紧张和繁重的，但他的内心却无比充实和坚定。在这里，他加入了中国共产党。

1925年3月，罗亦农回到国内，被中央派往广州参与全国第二次劳动大会的筹备工作。之后他参与领导了五卅运动、省港大罢工和上海工人三次武装起义。1927年，在中共五大上，罗亦农当选为中央委员。之后，他又在党的八七会议和中共中央十一月扩大会议上分别当选为临时中央政治局委员、中央政治局常委，成为党的重要领导人之一。

1927年，上海工人第三次武装起义取得胜利后，蒋介石在上海悍然发动了四一二反革命政变，大肆屠杀共产党人和革命人士，这些事情激起了罗亦农极大的愤慨。他和李立三、陈延年、周恩来、赵世炎等同志一起讨论上海地区的工作，同时呼吁讨伐国民党反

1921年4月，罗亦农（中）离沪赴莫斯科前与外国语学社同学的合影

动派。

1928年4月15日的上午,罗亦农来到了英租界戈登路望志里,这里是中共中央的一个秘密联络点,当时任中央政治局常委的罗亦农在这里与邓小平谈完工作后,准备与中共山东省委派来的同志接头。何家兴夫妇当时被安排在联络处做掩护工作,但他们经不起特务们金钱的诱惑背叛了组织,出卖了同志。当他们得知罗亦农到联络点的消息之后,立马写了一张纸条,派保姆火速送往戈登路爱文义路口的英国巡捕房。没过多久,英国巡捕房的特务洛克带领数名巡捕冲进房内。罗亦农深知这些人是冲着他而来,为了不让更多的同志遭受危险,他旁若无人地大步向门外走去,不幸被捕。

后来邓小平回忆当时的情景,他和罗亦农碰头商讨事情,他前脚刚从后门出去,巡捕就从前门进来带走了罗亦农,前后就差不到一分钟的时间。他说,当时在上海做秘密工作,非常艰苦,那是提着脑袋在干革命,感叹道:"那个时候很危险呀!半分钟都差不得。"

党中央得知罗亦农被捕的消息之后,立即组织力量对罗亦农进行营救,但国民党反动派当局对此事十分重视与谨慎,加强了各方戒备,故营救未能成功。

罗亦农牺牲时年仅26岁,是中国共产党牺牲的第一位中央政治局常委。1928年4月22日的《申报》报道说:临刑前的罗亦农"身穿直贡呢马褂,灰色哔叽长袍,衣冠甚为整齐","态度仍极从容,并书遗嘱一纸"……

　　如今,我们生活在一片祥和的土地上,我们的祖国也更加繁荣富强,正是有无数像罗亦农这样的英雄前赴后继、鞠躬尽瘁,为民族复兴献出了自己的一生,才为我们创造了如今的幸福生活环境。我们当永远铭记英雄,为祖国奉献自己的一份力量。

龙华英烈故事集

赵世炎

小学生 红|色|阅|读|书|系

黄昏之贼
——不辞牺牲的革命志士赵世炎

人物介绍

赵世炎（1901—1927），四川酉阳人。早年赴法勤工俭学，1921年参与组建旅欧中国共产党早期组织。1922年参与组建旅欧中国少年共产党。1924年回国后任中共北京地委书记、北方区执委会宣传部长等职。1926年后任中共上海区委组织部部长兼上海总工会常务委员会主席、中共江苏省委代理书记等职。参与领导上海工人三次武装起义。中共第五届中央委员。1927年在上海遭国民党反动派逮捕，后于龙华就义。

在龙华烈士纪念馆里，陈列着一张照片。随着岁月的流逝，这张黑白照片已经显得不太清晰，但我们仍可以辨认出照片的右下方正坐着一位年轻人，手捧着书籍，认真阅读，而照片的上方书写着："'黄昏之贼！'——世炎志，一九二二年四月二十八日"。

照片中的年轻人正是中国共产党早期无产阶级革命家、中国工人运动的杰出领袖、上海工人三次武装起义的领导人之一——赵世炎。

那么赵世炎是在哪里拍摄的这张照片，又为什么会写上"黄昏之贼"这几个字呢？要解答这些疑问，我们要将时间拨回一百年前。

鸦片战争以后，许多年轻人为了寻求救国之道，把目光投向了西方。当时的社会，

赵世炎在法国的留影

兴起了一股去国外的浪潮，大批青年走出国门。1920年5月，赵世炎登上了远洋航轮"阿芒尼克号"，远赴法国寻求革命的真理。当年6月底，赵世炎到达巴黎，开始了勤工俭学的生活。他一边工作一边学习，在工余时间捧读《资本论》，向周围的朋友宣传马克思主义。

1921年秋，中国共产党第一次全国代表大会闭幕后，他被任命为"中共中央驻巴黎通讯员"，编印《内部通讯》等刊物。在此期间，由吴稚晖任校长的法国里昂中法大学落成，这所原本是中国各省与法国知名人士募捐专为勤工俭学的学生而建造的学校，却拒绝他们入学。学生们奋起而争，选举赵世炎作为总代表与校方交涉。

占领里昂中法大学的斗争失败，赵世炎在巴黎难以生存，于是他被迫来到法国北部华工最多的地方。那里劳动条件极差，赵世炎置身于华工之中，从事艰辛而危险的劳动，并在华工中宣传

1921年，赵世炎在法国北方做工时寄给朋友的照片

新思想，他们都把赵世炎看作知心人。

在那里，赵世炎看到了工人阶级被压迫、被奴役的悲惨景象，这更加坚定了他要推翻这个世界的旧制度，创造一个人人平等的共产主义世界的决心。他每天坚持学习，阅读宣传马克思主义的小册子。学习条件艰苦，到了黄昏，赵世炎就独自跑到楼顶平台，借助夕阳余晖抓紧时间读书学习，并自喻为"黄昏之贼"，留下照片为证。在那个黑暗的年代，他坚信黄昏即将逝去，共产主义的理想终将实现。

1922年，赵世炎与周恩来等人在巴黎西郊布伦森林的一个空地上成立了旅欧中国少年共产党，并参与主编《少年》《赤光》等刊物，加强青年的马克思主义教育，在国内外产生了很大的影响。1924年，赵世炎回到国内，他担任了北京地委书记等职，与李大钊一起，领导了北京市民、学生的历次反帝反军阀运动，以及天津、开滦等地的工人大罢工。1926年，赵世炎遵照中共中央的决定来到上海，化名"施英"，深入到工人群众中，投入到风起云涌的上海工人运动当中去。从1926年6月到9月，上海各界工人的罢工斗争此起彼伏，形成了声势浩大的有组织的工人运动新阶段。1927年3月21日，赵世炎和周恩来等同志一起进行了周密的部署，发动并取得了上海第三次工人武装起义的胜利，在中国工人运动史上写下了辉煌的一页。

1927年4月，蒋介石背叛革命，发动反革命政变，大肆屠杀共产党人和革命群众，由于叛徒的出卖，赵世炎不幸被捕，在狱中，他受尽严刑拷打，但始终坚贞不屈。就义时，他从容镇定，扫视难友，点头告别，高呼"共产主义万岁"，牺牲时年仅27岁。

英烈已逝，但信仰之火永不熄灭。赵世炎将自己闪亮的青春和满腔热血全献给了中国人民的解放事业。作为青年一代的我们，在享受如今幸福生活的同时，更应将烈士们的精神与信仰浇筑到我们的生命中，作为学习与奋斗的动力，为我们人生前行提供源源不竭的力量。

陈为人

定以生命守护
——中央文库守护者陈为人

人物介绍

陈为人（1899—1937），湖南江华人。1920年赴莫斯科东方大学学习，其间参加中国共产党。1921年回国后，先后任中共北方职工运动委员会书记、中共满洲省委书记等职。1929年调上海工作，参加《上海报》等编辑发行工作。1932年，担负中央文库的保管整理工作。1937年在上海病逝。

中国共产党第一座中央级秘密档案库，就是被称为"一号机密"的中央文库。中央文库集中收藏了自"一大"以来中共早期诸多重要文件近两万余份。难以想象它们曾在白色恐怖笼罩下的上海，在国民党反动派的血腥追剿之下，完好保存了近二十年。

中央文库创建于1930年。第一任保管人为张唯一。1932年的下半年，中共早期党员陈为人奉命接管中央文库，成为中央文库的第二任保管人。在党内担任了一系列重要职务的陈为人，曾两次被捕入狱，在狱中因受刑过重，又染上了严重肺病，出狱后，组织上安排他静心休养，他却再三恳求重返工作岗位。

为了保证中央文库的绝对安全，党组织做了精心安排。按照要求，中央文库隐藏要以家庭化的形式作掩护。陈为人本是湖南人，因此党组织出资让他开设了一家湘绣店作为掩护，妻子韩慧英则在附近一所小学任教。为了掩护文库，夫妇俩伪装成富商，平时就在铺面和客厅谈生意。每当夜深人静时，陈为人就钻进连腰都直不起来的小阁楼，将窗帘拉严实，在昏暗的台灯下通宵达旦地整理中央文库的档案资料。无论春夏秋冬，陈为人家里的阁楼上总放着一个火炉，炉火不熄。这是以防万一之用，一旦出现问题而又无法挽救时，一根火柴就可以实现夫妻俩"定以生命相护，宁可放火烧楼，与文件俱焚"的誓言。

20世纪30年代，上海地下斗争环境变得更为险恶，一遇情况有异，中央文库必须立即转移。几年内陈为人夫妇不知搬了多少次家，有一次他们又以富商的身份在法租界霞飞路租住了一处公寓，房东是个白俄老太太，住在他们楼下。在外人看来，陈为人生活富足，清闲自在，其实他每一天都像是行走在刀尖上，因为白俄老太太的儿子是个租界巡捕，成天张牙舞爪地满街抓捕共产党人。那么，陈为人为什么会为中央文库选择一个这么危险的地方呢？俗话说，最危险的地方也是最安全的。因为，不会有人想到，租界巡捕家的楼上，会藏着中国共产党的"一号机密"。

由于中央文库的保管人要尽量减少与外界的接触，所以，陈为人负责在家驻守，韩慧英则负责对外联络。1935年2月，由于叛徒告密，前去取文件的韩慧英不幸落入敌手。见妻子迟迟未归，陈为人估计一定是出事了，他很担心，同时马上考虑如何火速安全地转移中央文库。

就在韩慧英被捕后不久，上海小沙渡路合兴坊15号搬进了一位新住户。他就是化名张惠生的陈为人。仓促之下，为中央文库找到一个稳妥安全的存放地殊为不易，何况很多出租的房子还要求租房有担保人。陈为人这时联系不到组织，更不能找外人，只能咬牙租下了这栋不要求铺保的二层小楼。这里属于旧上海的高档住宅区，陈为人装作一个富裕的木材行老板，出手阔绰，对于每个月30银元的高昂租金毫不在乎。殊不知，这份房租已经足以让他生活窘迫。为守护中央文库的安全，他又不能出去工作谋生。一个人既要担负保管中央文库的重任，又要养活三个年幼的孩子，生活异常困难，全家每天以两餐红薯粥充饥。为了不让房东察觉他家生活艰辛而引起怀疑，陈为人每次煮好红薯后，常常先盖上一片干鱼端到楼上，快到门口时，又把那片干鱼藏起来，怕不懂事的孩子们看见抢着要吃。由于失去了经济来源，他日渐严重的肺病都得不到医治，咳得厉害时至多只能买两个萝卜作润肺之用。

1935年，陈为人负责中央文库的保管工作。图为中央文件保管地点之一

即使在如此艰难的状况下，陈为人依旧孜孜不倦，抱病工作。为了便于保管和转移，他把原来写在厚纸上的文件转抄到薄纸上，把大字改成小字，又把文件的空白纸边都剪掉，硬是把原来20箱文件整合到了6箱。

1936年秋，陈为人几经周折终于和党组织接上了关系，党组织考虑到他的身体状况，决定将中央文库交由另一位同志保管。当他按规定把最后一批文件送走回来后，突然大口吐血不止，昏倒在地。为了抢救他的生命，党组织让他住进了当时医疗条件最好的广慈医院，并嘱咐刚出狱的韩慧英："只要能保住为人，需要用多少钱，就用多少钱。"但陈为人坚决不让党组织在他身上多花钱，没住几天就提着小包袱跑回了家。他对家人说道："我已经不能工作，不能再花党的经费了。"1937年3月13日，年仅38岁的陈为人因病去世。

陈为人以生命守护中央档案，他这种忠于职责的革命精神，表现了共产党人一脉相承的使命担当，他以勤恳工作的一生抒写了对党的事业的无限忠诚，再现了共产党员的英雄本色。

不把鬼子驱逐出中国，是每一个中国军人的奇耻大辱，弟兄们，豁出去，和日本人拼到底，死了也光彩！
——姚子青 一九三七年

姚子青

家国保卫者
——英勇悍将姚子青

人物介绍

姚子青（1909—1937），广东平远人。黄埔军校第六期毕业。1937年任国民党陆军第九十八师二九二旅五八三团第三营营长。1937年，上海"八一三"淞沪会战爆发后，率部守卫宝山县城，击溃数倍于己的日军的多次进攻，血战于残垣之中达7天之久。9月7日，姚子青营全体官兵阵亡。

1937年七七事变之后，日本侵略者又于8月13日在上海向中国守军发动进攻。在全国人民抗日浪潮的推动下，上海军民奋起抗敌，以简陋的武器和血肉之躯对抗30多万装备精良的日军，揭开了中华民族全面抗战的序幕，为保卫民族独立的神圣事业谱写了气壮山河的新篇章——这就是震惊中外的淞沪会战。

姚子青，少年读书期间，成绩突出，品行优良。平时戴一副近视眼镜，显得文弱儒雅，颇有一点书生的味道，但打起仗来却是异常勇猛。

抗战全面爆发之后，姚子青在武汉告别了年轻的妻子和三个子女，率部开赴上海淞沪战场。临行前，姚子青嘱别夫人："此去倘能生还，固属万幸，如有不测，亦勿悲戚，但好好抚养儿女，孝奉翁姑。"临阵前，他率全营500余将士庄严宣誓："剪灭倭奴凶焰，洗雪国耻，爱我河山，誓与敌不共戴天，誓与阵地共存亡！"

1937年8月28日，日军利用飞机、军舰舰炮对宝山县城狂轰滥炸。姚子青奉命率部坚守宝山县城。防地方圆十里，到处都是残垣断壁，满目疮痍。大敌当前，姚子青激励全营官兵：宁可流血断头，不可丢失城池。但由于宝山地势平坦，城墙矮小，城壕浅窄，易攻难守。日军攻占宝山的目的，是为了解罗店之围。宝山县城位于吴淞口，是日军登陆必夺之要点。姚子青清楚不久将会有一场激战，于是一面巡视地形，一面布置官兵赶挖战壕，抢筑工事，以加强防御，严阵以待。9月1日，日军向宝山县城发起进攻。日军军舰为数众多，以舰炮轰击宝山县城，并有日军飞机从航母上起飞，对中国守军展开地毯式轰炸。

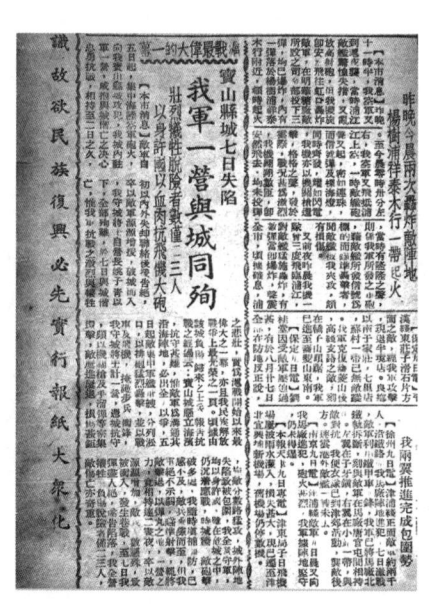

《立报》刊载《我军一营与城同殉》，介绍姚子青营为抗击日本侵略军与宝山县城共存亡的悲壮事迹

姚子青指挥部队与城外援军

相呼应，夹击敌军，但是日军在吴淞镇有所突破，攻击宝山的日军得到增援，又以大炮、飞机掩护步兵进攻，里应外合未能成功，双方血战全天，互有伤亡。

姚子青数次带领战士们击退敌军，但是伤亡惨重。在日舰、日机猛烈轰炸下，形势岌岌可危，战斗惨烈。战斗间隙，姚子青指挥士兵堵塞城墙缺口，赶筑临时工事。姚子青向上级表示，决不做贪生怕死的亡国奴，准备在沙场上马革裹尸，报效国家。

没多久，日军再次集结优势兵力展开强攻，大炮击毁了县城东南角，敌人的战车开道，步兵紧随其后蜂拥而入。最后时刻，大批日军从缺口涌进，双方遂展开了血腥的巷战。姚子青营战至仅余70余人，他命令士兵上好刺刀，对大家说："军人为的是尽忠报国。今天，死的时候到了，大家都要死出个中国人的样子来！"70余人高喊着"有我无敌！誓与宝山共存亡"的口号向敌人发起了最后的冲锋。在敌人的枪炮声中，不断有人中弹倒下，姚子青却始终身先士卒。白刃战中，姚子青被敌人弹片击中腹部，肠子流了出来，血染红了军衣。这时他用尽最后力气喊道："弟兄们，杀身成仁，报效国家民族的时刻到了！"周围的战士们见营长倒在血泊之中，个个怒目圆睁，含泪向敌人杀去。其中一名战士虽浑身浴血，但一息尚存，见日军士兵端着枪直扑过来，他用双臂支撑着身体，一点点地向姚子青爬去，抓起姚子青手中的那支枪，将刺刀刺进了自己的喉咙。剩下的姚子青余部与敌人展开肉搏拼杀，终因寡不敌众，至下午四时全部壮烈牺牲。

姚子青偕全营守军殉难的消息传出，举国哀痛，国民党中央执监委员会亦于9月10日通电全国："宝山之战，姚子青全营与孤城拼命，志气之壮，死事之烈，尤足以动天地而泣鬼神！"《立报》曾发表社论曰："此战之激烈与牺牲之悲壮，实为沪战开始以来最伟大之一幕，亦且我民族解放战争史上最光荣之一页……"

邹韬奋

如果爱国有罪，我愿终生坐牢
——爱国七君子之一邹韬奋

人物介绍

邹韬奋（1895—1944），江西余江人。1926年接任《生活》周刊主编，以犀利之笔，力主正义舆论，抨击黑暗势力。1935年后，先后创办《大众生活》《生活日报》及《生活星期刊》等刊物，并参与领导上海各界救国联合会和全国各界救国联合会工作。1936年因抗日救亡运动与李公朴等七人被国民党当局逮捕，史称"七君子事件"。获释后，先后主编《抗战》《全民抗战》等刊物。1944年在上海病逝，后被中共中央追认为中国共产党正式党员。

有这样一个人，他是《大众生活》周刊和大众书店的创始人，以他名字命名的"中国韬奋出版奖"是我国出版界目前最高的奖项；他的一生，以犀利之笔，力主正义舆论，抨击黑暗势力；在他去世后，党中央给予他很高的评价。他就是著名的新闻记者、出版家邹韬奋。

邹韬奋，本名恩润，1895年11月5日出生于一个没落的地主官僚家庭。他5岁的时候，跟随父亲来到福州，在那里度过了少年时代。尽管家里表面上维持着官宦家庭的体面生活，但实际上已经是日趋困难，艰难维持，有时甚至面临无米下锅的窘境。那段艰辛和困苦的日子，在邹韬奋童年的记忆中留下了很深的烙印。1912年，邹韬奋17岁时，父亲将他送进上海南洋公学读书。那时，他的理想就是当一名新闻工作者。1919年，他考上了上海圣约翰大学主修西洋文学。在圣约翰大学读书的两年期间，邹韬奋的生活更加艰苦，除了需要筹集自己的学费，还要负担弟弟读书的费用。为此，他经常利用课余时间，兼职学校图书馆的助理员和家庭教师。毕业后他辞掉了工作轻松、薪水可观的英文秘书工作，选择进入黄炎培创办的中华职业教育社担任编辑部主任一职，主编《教育与职业》一刊。1926年，邹韬奋接任《生活》周刊主编的工作，实现自己早年立下的志愿，开始了他的新闻出版工作生涯。

《生活》周刊在邹韬奋接手之前，只是当时中华职业教育社下属的一份教育类刊物，影响不大，外界投稿也很少。整个编辑部，连邹韬奋在内只有三个人。他们要负责刊物的编辑、发行和广告等一系列

《生活》周刊

工作。成为主编后，他主张改革，逐渐把《生活》周刊改变为社会现实类的刊物，全方位地报道和评论社会政治、经济、文化生活。邹韬奋，其实是他的笔名。从1928年开始，他才正式用"韬奋"这个笔名发表文章。当好友问他为什么要用这个笔名时，他说："韬是'韬光养晦'的韬，奋是'奋斗'的奋。一方面要韬光养晦，一方面要奋斗。"在漫漫黑暗长夜里，"邹韬奋"这个名字，连同《生活》周刊一起就像一盏明灯在千万读者中广为流传。在他主持刊物的七年里，《生活》周刊从一个不起眼的刊物发展成有着很大社会影响力的刊物，渐渐成为"主持正义"的舆论刊物。他敢于同黑暗势力作斗争，对社会上的腐败等不良现象迎头痛击，予以无情的揭露。

邹韬奋一直密切关注着中华民族的命运。九一八事变后的第七天，他抑制不住内心的激愤，一口气为《生活》周刊撰写了四篇《小言论》，呼吁全国人民正视中华民族面临的严重危机。之后，《生活》周刊全面地转向抗日救亡运动的宣传。在他的文字里，既有军民抗战的消息，又有自己对时局的见解，更有对国民党政府"停止内战，一致抗日"的呼吁。

1931年秋，驻守黑龙江的马占山部队违背国民党当局的命令，奋起抗击日军。邹韬奋以《生活》周刊之名，发起了为东北抗日部队捐款的号召，短时间内就募集到了近13万元的善款。读者们踊跃捐款的热情，让邹韬奋看到了人民的力量。他与同事们一起收款、记账，将这批款项陆续汇往前方，极大地鼓舞了前方将士的抗日热情和战胜侵略者的决心。后来淞沪抗战爆发，他不仅率先给抗日部队进行捐款，还办起了"生活伤兵医院"，救治抗日官兵。他还积极参加后方服务，给前方战士采购各种生活用品。

在积极投入抗日运动的同时，邹韬奋还用手中的笔做武器，在《生活》周刊上发表了大量矛头直指当局抗日不力的文章，导致《生活》周刊遭到查封。后来，邹韬奋选择与一批志同道合的友人合作，成立了生活书店，为进步文化事业服务。生活书店就是我们现在非常熟悉的三联书店的前身。1935年，邹韬奋在上海创办《大众生活》，他在发刊词《我们的灯塔》一文中，将"民族解放的实现，封建残余的铲除，个人主义的克服"作为办刊的宗旨。《大众生活》作为抗日军民的喉舌，坚决站在抗日救亡运动的前列。1936年11月，国民党政府先后逮捕了邹韬奋和救国会的其他负责人沈钧儒、李公朴、沙千里、史良、章乃器、王造时共七人，史称"七君子事件"。在法庭上，邹韬奋说："如果爱国有罪，我愿终生坐牢。"

邹韬奋在他的文集《经历》中曾经写道："我所仅有的一点微薄的能力，只是提着这支秃笔和黑暗势力作艰苦的抗争，为民族和大众的光明前途尽一部分的推动工作。"他的选择，是一个朴实的爱国者的选择。他的精神，也永远激励着我们不断奋发前进。

茅丽瑛

舍小家为大家

——"孤岛"时期的职妇领袖茅丽瑛

人物介绍

茅丽瑛(1910—1939),浙江杭州人。1931年进入上海海关工作。全面抗战爆发后,先后参加战时服务团、抗日救亡长征团等救亡组织。1938年参加中国共产党。同年任中国职业妇女俱乐部主席,不顾日伪特务威胁,组织各类救亡活动,支援新四军等抗日部队。1939年遭汪伪特务枪杀。

想必大家都听过"花木兰代父从军"的故事。花木兰虽为女儿身,却巾帼不让须眉,在战场上立下赫赫战功。在长达14年的抗日战争期间,也有无数浦江儿女奔赴前线,奋勇杀敌,抗日救国。他们之中也不乏巾帼英雄,茅丽瑛就是其中一位。

1937年8月13日,淞沪会战爆发,在日军狂轰滥炸之下,上海租界外围地区先后落入日军的掌控,租界成为一座"孤岛"。与此同时,在全国各地风起云涌的抗日救亡运动影响下,以茅丽瑛为首的上海海关进步青年们，毅然辞去海关的工作，参加"救亡长征团"，前往华南各地宣传抗日。茅丽瑛的工作是上海江海关的英文打字员，月薪65元，这在当时的上海滩是个得之不易又令人羡慕的职业，这是茅丽瑛经过刻苦勤奋争取来的，而且再工作两个月，她就可以从海关获得约1000元的奖金，这大概相当于她一年的薪水。茅丽瑛的亲戚和朋友们都劝她慎重行事，但她却态度坚决地说道："为了不做亡国奴而丢弃金饭碗，值得！"

茅丽瑛是上海"海关华员战时服务团"的对外联络负责人，她将一腔热血投入了抗日救亡的运动之中，上海沦陷以后，她说服多病的母亲同意，毅然参加"救亡长征团"，奔赴华南地区从事抗日救亡活动。

茅丽瑛出生于一个非常贫穷的家庭，从小与母亲相依为命。在她六岁那年，父亲因无力还债而跳湖自尽，而后哥哥因营养不良而患病夭折，妹妹也因无法养活而被迫送人，后来她跟随母亲来到上海投奔亲戚。家庭发生的种种变故，让茅丽瑛小小的年纪便感受到生活的艰辛和不易。

母亲年岁大了，生活要靠茅丽瑛照料，离不开她。看着历经沧桑、含辛茹苦把她拉扯大的母亲，茅丽瑛左右两难。但是，为了抗日救国，她战胜了自我，鼓起勇气，向母亲倾诉了自己决心南下参加慰问伤员的队伍的心声。取得母亲的赞成和理解后，茅丽瑛和同伴一起踏上南下征程。

1938年，组织上安排茅丽瑛回到上海。5月，茅丽瑛加入了

茅丽瑛（左二）与职业妇女俱乐部成员合影

中国共产党。从此，她为了革命事业，冲锋陷阵，勇猛无比。5月5日，"中国职业妇女俱乐部"（简称"职妇"）成立，茅丽瑛被推举为"职妇"主席。在茅丽瑛的领导下，"职妇"的抗日救亡活动开展得有声有色。在茅丽瑛和会员们的努力下，社会上掀起了捐物捐款的热潮，几天之内就募集到了款项2000余元，用以支援浴血奋战的前线战士。茅丽瑛夜以继日地拼命工作，在老母亲临终时也没有顾得上见最后一面。她心怀悲痛，却依然坚持在工作一线。

茅丽瑛组织的活动引起日伪汉奸的注意。1939年12月12日晚，刚开完会准备回家的茅丽瑛在"职妇"会所外突然遭到汪伪特务的枪击，身中三枪。12月15日，茅丽瑛在医院伤重身亡，年仅29岁。茅丽瑛的一生短暂而璀璨，凡是接触过她的人都有这样的感觉："茅丽瑛像团火，为了革命，为了别人，她可以忘我地燃烧。"

王孝和

一条毛毯的红色见证
——工人运动领袖王孝和

人物介绍

王孝和（1924—1948），浙江鄞县人。1941年参加中国共产党。1943年由党组织安排进杨树浦发电厂工作。1946年参与上海电力公司工人罢工斗争。1948年任上海电力公司工会常务理事、党团书记等职，多次为维护工人利益，领导工人与厂方斗争。1948年4月被国民党当局逮捕，以监狱与法庭为战场揭露国民党反动派的阴谋。同年9月于上海就义。

1948年4月的某一天，一股温热的血液将我浸湿，我从睡梦中惊醒。映入我眼帘的是一个伤痕累累的脸庞，尽管嘴角仍带着尚未干涸的血迹，但瞳孔中却透露着坚毅的光芒，在瞳孔的那抹透亮中，有一条军绿色的毛毯——那正是我，此刻正轻柔地裹住他刚刚挨过了严刑拷打而遍体鳞伤的身躯。

记忆逐渐复苏，我又回想起了他的妻子忻玉英郑重地将我交到他手上的那一刻——那双手在微微颤抖，那是玉英的心痛和挂念。

我想起了他们结婚的时候，他满怀喜悦地和玉英从跑马厅买下了我。我看着他一路走来，从一个热血青年成长为一个成熟稳重的丈夫。

王孝和的毛毯（国家一级文物）

拼凑起他们夫妻俩平日里话语的碎片，我心中渐渐出现了这位名为王孝和的青年的完整形象。

他出生于上海的一个贫苦家庭，16岁时为了减少父亲的负担，他决定停学谋生，进入发电厂当抄表员。厂里的工人总是称赞他待人和气，真实诚恳，是个好小伙子。后来他担任了上海电力公司工会干事，我记得他总是说："我是工人们选出来的，只要是对工人有利的事，我就有责任去做。"

这样一个好人，究竟因何而入狱，又被百般折磨至此呢？我想早在那个时候敌人怕是就已经视王孝和为眼中钉、肉中刺了吧！"上电"工会在反独裁、反内战的群众斗争中，他始终站在前列。当时，敌人派出特务，以"指导员""秘书"的身份驻在工会，对他进行监视。他们以为只要把王孝和拉进他们的圈子，就能达到控制"上电"工会的目的，便对他一再试探、摸底，诱逼他参加国民党。王孝和都以"对政治不感兴趣"为由，巧妙地拒绝了。1948年2月，国民党悍然出动装甲车，武装镇压申新九厂工人的罢工斗争，酿成流血事件。王孝和根据上级党组织的指示和工人的要求，以工会的名义在厂内公开发动捐款，动员全厂工人佩戴黑纱，以实际行动抗议反动派的血腥暴行。国民党特务企图阻挠他，他却说："工人是一家，相互支援是我们的分内事。"说完便继续带领工人战斗了。

我没想到那天来得这么快。4月19日那晚，我被一阵剧烈的敲门声惊醒。一个国民党特务闯了进来，百般刁难王孝和，动员他去自首。他却说："为职工说话办事是我的职责，没有什么需要向谁讲清楚的，更无'自首'的必要！"

国民党特务走后，妻子玉英急得直掉眼泪，她哀求王孝和出去躲一躲。王孝和却回答说，为了工作不能一走了之。

我的一角被玉英紧紧攥在手里，接二连三落下的泪珠将我洇湿。那时我实在不太理解人类的感情，但从掌心传来的那丝强烈克制的颤抖却让我的心无来由地跟着抽搐。

随后，王孝和在家销毁了很多重要的文件，还有一部分被托付给了玉英。第二天王孝和照常骑车去上班了。

那时我不知道，离别已经敲响了前奏。4月21日清晨，王孝和被特务抓走。

再度见到王孝和，便是玉英将我带到提篮桥监狱送到他手上的时候。熟悉的温热泪水将我洇湿，我知道我承载的是一名妻子对丈夫无尽的牵挂。

在狱中，当他一次又一次踉跄着被拖回牢房中，我包裹着他那被酷刑折磨得几近残破的躯体，我是多么无助和心痛。

敌人对他施以酷刑，坐在老虎凳上的他，脚下的砖从一块、两块，一直加到五块，他额头上沁出黄豆般大的汗珠，牙齿把嘴唇咬出了血，却始终一言不发。敌人恼羞成怒，撕开他的衣服，用子弹壳把他的两肋刮得皮开肉绽，鲜血直流，他依然一声不吭……

就这样经历一个个辗转难眠的夜晚，一个个扭曲痛苦的梦，我的梦始终是红色的，浸染着他的鲜血。我以为他会愤恨，可他始终怀着山一般的坚韧和铁一般的顽强，他用意志书写了对祖国最忠贞的守望。他是一个儿子、一个丈夫，更是一个共产党员。他眼中的光芒没有熄灭，一如我初见他的模样。对，他的心愿从未改变——他想要更多的人幸福！

23日，上海各报公布了王孝和的"供词"。这份供词移花接木，漏洞百出，连王孝和的入党介绍人也与事实不符，知情人一看便知是国民党特务的"杰作"。公布这份假供词，实际上正是证明了敌人承认自己的严刑逼供已彻底失败，王孝和经受住了一场极其严峻的考验，维护了党的利益，保护了战友的生命。

王孝和在狱中写给妻子的遗书

王孝和在赴刑场途中

离别的时刻终究还是到来了。我依然记得,那天黎明的朝霞绚烂地铺展在天际。

他面带微笑写好了三封信,一封给双亲,一封给战友,还有一封是给玉英的。对了,算算时间,玉英即将分娩了,可他的孩子,再也不会见到父亲了。

最后,他将我叠得整整齐齐,带着伤痕的手掌轻轻摩挲过我的每一个角落。我已经有了些破损,这段最艰难的日子里我也算完成了使命,陪伴着他一起走到了尽头。

后来的事情,我听到了人们的传述。听说他在上海高等特种刑事法庭上慷慨陈词,痛斥敌人;他打翻了敌人掺有麻药的白酒,微笑着走上刑场;听说他被绑在木椅上,被敌人的子弹击中胸膛……

黎明之后,太阳正在冉冉升起。

而我也沉沉睡去。

时光荏苒,几十年后,我突然被一阵喧闹声惊醒,发现自己置身于一个橱窗之中。一群又一群孩子睁着懵懂的眼睛,指着我说,这就是王孝和烈士用过的毛毯……

那些孩子的眼睛中，有太阳般明亮的光芒。

我想他的孩子长大了，也一定会成长为像父亲那样顽强坚韧的人吧。

今时今日，恍觉岁月沧桑，历史车轮滚滚，史册上早已记下如今中华人民共和国最光辉的篇章。这就是王孝和那一辈先驱者所期待的黎明呀！这就是他们为之所奋斗一生的"光明"！

一瞬间，回忆如潮水涌来……

我又想起了那无数个被鲜血浸湿的晚上，想到了他眼中永远不灭的光。我知道，他从未离去，他和他们一直在这里，他们的眼中，有着一样璀璨的光芒。

小学生 红|色|阅|读|书|系

秘密的 404 办公室
——民主战士黄竞武

人物介绍

黄竞武(1903—1949),江苏川沙(今上海)人。早年留学美国。1941年参加中国民主政团同盟(后改名为中国民主同盟),并任总部组织委员会委员、国外关系委员会委员等职。1945年任上海中央银行稽核专员,后参加民主建国会。1949年发动中央银行员工反对国民党政府偷运黄金去台湾,并利用社会关系策动国民党税警队起义。1949年被国民党当局逮捕,不久牺牲。

1949年5月12日上午,一群国民党保密局特务悄悄埋伏在了上海中央银行的四楼,他们正在等待一个"要犯"现身。9点刚过,一位西装革履的男士缓步走入404办公室,刚放下公文包,国民党特务便一拥而上,将其压倒在地,用黑布将男子双眼蒙住,押上了警车,不知去向。被带走的男子就是民主建国会临时干事会常务干事,中国民主同盟总部组织委员会委员和国外关系委员会委员——黄竞武。

1903年8月2日,黄竞武出生于江苏川沙(现属上海)。父亲是中国近代著名的爱国主义者和民主主义教育家——黄炎培。黄竞武从小便受到父亲进步民主思想的影响,全家秉承着"幼承庭训,鲠直有父风,读书能识大义"的家风,在这样的家风影响下,他从小就明白读书的重要性,小学前已阅书无数且写得一手好字。黄竞武从小学起学习成绩始终名列前茅,获得师生的交口称赞。1916年,黄竞武凭借优异的成绩考入了清华大学。在校期间,爆发了五四运动,他与同学们走上街头高喊"外争国权,内惩国贼"的口号,加入到了抗议游行的队伍之中。五四运动之后,黄竞武深知"落后就要挨打"这个道理,为了学习前沿科技,改变中国的面貌,1924年开启了赴美留学的生涯。他先后就读安抵克大学及哈佛大学,五年刻苦学习,终于获得了硕士学位。毕业后黄竞武在美国福特汽车厂工作,但当大家都认为他要扎根美国时,他却毅然选择回国,他对同学说:"我不能忘记自己的祖国,贫穷落后的中国需要我们年轻一代用学到的科学知识去改变面貌。高薪我可不要,舒适的生活我不留恋。但,回去报效祖国的决心不可变。"就这样,1929年黄竞武登上了由美国开往上海的远洋客轮。

回国后的黄竞武先在上海盐务稽核所做会计,之后用两年时

黄竞武被捕地

间协助美国老师葛利佛进行全国的盐务会计制度改革，使全国盐务的会计制度更趋正规化。在黄竞武担任蚌埠盐务稽核所所长期间，他因为拒绝与奸商勾结而被上级停职贬往偏僻地区青口。黄竞武因而更加了解了底层劳动人民的艰辛以及社会的不正之风，他并没有妥协，很快就改革了青口的盐务风气，还为青口百姓解决了重要的交通问题，受到了当地百姓的拥护爱戴。

1947年，国民党在战场上屡战屡败，上海笼罩在白色恐怖之下，国民党政府公然宣布民盟为"非法组织"，民盟总部被迫解散。1948年秋，形势更为严峻，黄竞武担起了民主建国会临时干事会常务干事的重担。他把自己在中央银行四楼的404办公室当作秘密活动点，以自己银行稽核专员的身份作为掩护，秘密搜集着国民党政府的金融密报。1949年初，为迎接解放军渡江，黄竞武常常废寝忘食地工作，为解放上海做好准备工作。他曾和同志们说："我们不能坐等解放军来，我们要做配合工作，打击那些官僚，不让他们转移资本，我们要保护国家财产。如果解放的是一座空空的上海城，怎么养活六百万人口？我们要团结工商界朋友，把他们组织起来，准备为新中国服务。"1949年4月24日，黄炎培先生在北平通过电台，呼吁上海人民配合解放军解放上海的行动。此时，黄竞武作为黄炎培的儿子已经成为了国民党的目标，民建会的同志们都担心地劝他赶快撤离。但黄竞武却毅然拒绝了，他说："绝不能因个人的安危而使工作陷于停顿。越是紧要关头，越要坚守岗位。"当他得知国民党政府要将中央银行的黄金偷运到台湾后，马上组织起了中央银行员工的罢运行动，并将此事揭露于报端。恼羞成怒的国民党当局终于对黄竞武下手了，5月12日黄竞武被捕，被送去了南车站路190号的监狱囚禁。在狱中，为让黄竞武交出民建的名册，特务们不断用酷刑，但黄竞武始终没有松口。5月17日深夜，一无所获的特务对黄竞武等13位革命志士下了毒手，将他们活埋在监狱后面的荒地里。此时距离上海解放只差10天而已。

上海解放后，几经寻找，黄竞武等13位革命志士的遗体被找到。父亲黄炎培得知爱子离世的消息悲痛欲绝，为他写下了纪念文字，深切缅怀："我们每一回走过北京天安门，望见高高的人民英雄纪念碑，想起千千万万为国家和人民的利益而牺牲生命者中间有一个是你。"

上海市人民政府追认黄竞武为革命烈士，公葬于川沙烈士公墓。烈士的精神永垂不朽。

黄竞武牺牲后，其父黄炎培为他题字

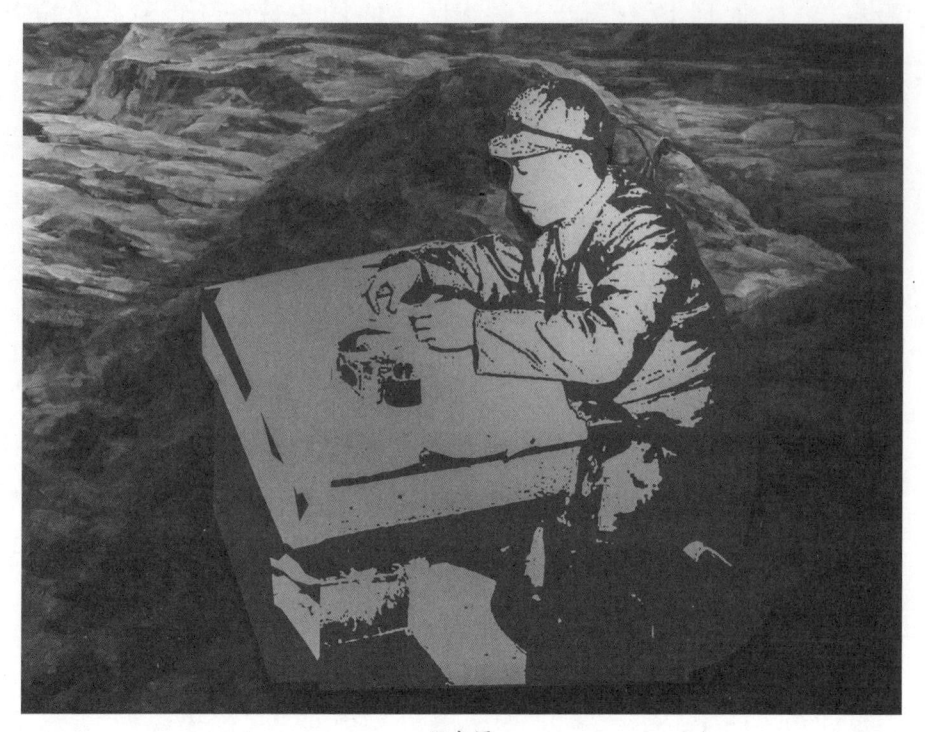

饶惠谭

冲锋陷阵为信仰 戎马一生守家国
——战斗英雄饶惠谭

人物介绍

饶惠谭（1915—1953），湖北大冶人。1933年参加中国共产党。曾参加淮海战役、解放上海战役等。1949年任上海警备区公安第十六师师长。1952年任中国人民志愿军第二十三军参谋长，率部赴朝鲜参加抗美援朝战争。1953年在战斗前线牺牲。

1932年6月的一个雨天，18岁的饶惠谭回到了位于湖北大冶市殷祖镇南山头村下饶湾的家中。已经几个月没有回家的他，看到哥哥和嫂嫂蓬头垢面、鼻青脸肿的样子，着实吓了一跳，"嫂嫂、哥，你们这伤是怎么回事！"嫂嫂一下就哭了出来："惠谭啊，你进去看看娘吧，她听说爹为了躲那些国民党饿死在外地后哭了大半个月，现在她……她眼睛看不见了呀！"接二连三的噩耗向他迎面砸来，被唤作惠谭的年轻人顿时站定在原地，竟挪不动迈进里屋的步子……

饶惠谭于1915年出生在一个贫苦农民家庭。幼年时，他受私塾老师的进步思想启发，13岁就秘密加入了中国共产主义青年团，后又加入中国工农红军。

因为干革命，饶惠谭的父亲被迫害，最终饿死在异乡；他哥嫂被敌人报复、虐打；他的母亲因此哭瞎了双眼。然而，生活的重担和打击并没有使他畏惧和退缩，为了让自己的亲人和同胞彻底摆脱帝国主义和封建主义政权的压迫，他选择咬紧牙关，坚持斗争。饶惠谭跪在双目失明的母亲跟前磕了一个头，安抚好哥嫂和哭着挽留他的母亲，再次毅然离家，赶往鄂豫皖苏区第四次反"围剿"作战的前线。当时的饶惠谭可能不会想到，在此一别后，能和亲人见面的日子将变得屈指可数，而自己对亲人的愧疚和亏欠却只能越攒越多……

全面抗战爆发后，他所在的游击队被编入新四军，在陈毅的率领下开赴江南前线抗日。他有胆有识，足智多谋，曾生擒日寇中队长，为部队提供了重要的军事情报来源；他坚毅果决，以大

1945年饶惠谭参加天目山战役，图为他在临安县署办公室研究敌情

局为重，在战事中忍痛放弃了寻找失散的妻儿的机会，身先士卒冲向第一线，与敌人开展殊死搏斗，最终带领战士掩护军部成功突围。

此后，在著名的淮县战役、周村战役、济南战役、淮海战役、渡江战役和上海战役中，饶惠谭屡次率部担任主攻任务，成为我军在渡江战役中第一个登陆长江南岸的高级指挥官。

战争年代，他鲜少能回一趟家。为躲避国民党反动派抓捕，只能暮归朝离，来去悄悄。实在思念亲人，他就写家书，信中内容事无巨细，满载殷殷嘱托。1950年底，他带着妻子和3个子女从上海回家探亲，给双目失明的母亲带去御寒的皮袄，并利用自己平时节省下来的一点津贴，为老母亲和邻里乡亲搭建了遮风避雨的草屋。

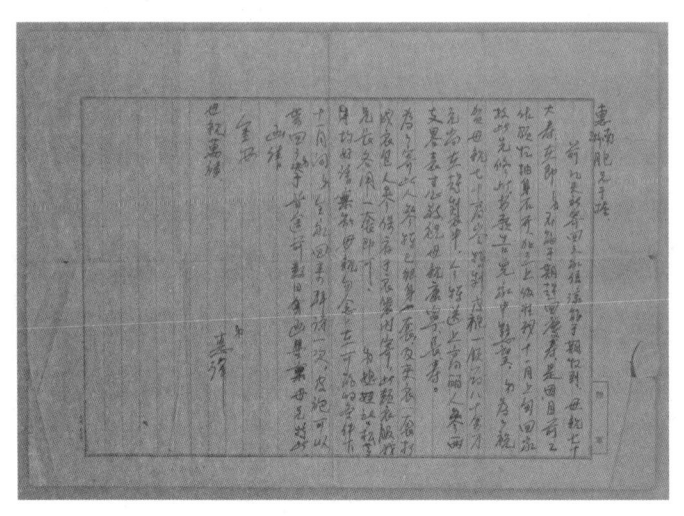

饶惠谭写给家人的信

1952年,看着一批批战友接连不断地投入到抗美援朝的战斗中去,时任上海警备区公安第十六师师长的饶惠谭再也坐不住了,一连打了几次报告,要求奔赴朝鲜前线。在几次申请均未得到答复之后,饶惠谭便驱车赶到上海市内,径直闯进陈毅市长的办公室。

见到老首长,饶惠谭开门见山:"陈老总,我实在等不下去了,你就批准我入朝作战吧!"

陈毅说:"去,可以,不过你要有思想准备,和武装到牙齿的美军去作战,随时都有丢脑壳的危险!"

"在战场上这么多年,好几次差点死去,再来一次也无妨!"他坚决的态度最终打动了陈毅。

1952年12月,饶惠谭入朝作战,任中国人民志愿军第二十三军参谋长兼副军长。到了前线后,饶惠谭虽然作战经验丰富,但决不"倚老卖老",始终保持谦虚谨慎。他说自己入朝晚,必须补上"情况不熟"这一课。于是,他用不到半个月的时间,跑遍了防御正面29公里、防御纵深40多公里的所有阵地。

1953年3月21日深夜,为两天后即将展开的第二次反击战做准备而去往前线视察阵地的饶惠谭回到军部,草草地吃了口饭,又批阅了参谋送来的电报。晚上11点,一架美军夜航机呼啸而来,"轰!轰!轰!"一串炸弹从天而降,饶惠谭所在的指挥所遭到敌机轮番轰炸,饶惠谭壮烈牺牲。一位驰骋沙场20多年的战斗英雄,就此长眠在了异国的土地上。

饶惠谭牺牲后,他的妻子将烈士抚恤金寄给了他的老母亲,瞒称是"惠谭给您的零花钱"。老太太思子心切,坚持要用这些"零花钱"为儿子盖房,盼望儿子凯旋之后,可以回归故里,伴母定居。后来,老人家在得知饶惠谭已经牺牲后,悲痛地说:"这栋房屋是惠谭用鲜血和生命换来的,应造福于民,这才是惠谭遗愿。"于是,她请人在门楣上写了"惠泽长谭"四字,而后无偿借出,作为村中学堂。

党和人民忠诚的战士饶惠谭,他将自己置于祖国和人民最需要的地方,将生命奉献给了保家卫国的事业。而那一封封家书,则见证了他铁血柔情的一面,更是饶惠谭"召必应,应必战,战必胜"的中国军人之魂最好的证明。

无私奉献

李启汉

小学生 红|色|阅|读|书|系

无产阶级的先锋 劳动运动的健将
——工人运动领导者李启汉

人物介绍

李启汉（1898—1927），湖南江华人。1920年参加中国共产党上海发起组，同年在上海参加创办全国第一所工人学校。1921年组织上海英美烟草公司工人罢工斗争，并取得胜利。同年任中国劳动组合书记部干事兼《劳动周刊》编辑。1925年任中华全国总工会执行委员兼组织部长。1927年在广州被国民党反动派逮捕，后被秘密杀害。

上海霞飞路新渔阳里6号，有一幢历经百年风霜、见证时光流转的石库门小楼。100多年前，正是在这幢小楼里，诞生了中国第一个社会主义青年团——上海社会主义青年团；也正是从这幢小楼里，走出了一大批代表着中国革命未来希望的"90后"青年。生于1898年的李启汉，正是其中的佼佼者。

1921年5月1日前夕，法国巡捕房接到命令赶往新渔阳里

6号搜查逮捕工人运动的领导人——李启汉。只见一个男人戴着金丝边眼镜和礼帽，一边若无其事地跟旁边同伴攀谈，一边对巡捕的盘问淡定应对。巡捕们怎么也没想到，眼前这个西装革履、说着一口流利上海话的男人是湖南人李启汉。

中国社会主义青年团中央机关旧址

  1919年的五四运动推动了马克思主义与中国工人运动的结合，这次运动的后期主力军就是工人阶级。一些有进步思想的知识分子创建了中国共产党发起组，他们看到工人阶级在运动中表现出的巨大力量，意识到组织领导工人运动的重要性。当时大部分工人的思想比较保守，安于现状，甚至他们觉得自己生来就是穷苦命，就是被剥削的一方。为了改变这一现状，中国共产党发起组成员开始走到工人中开办学校，在工人中进行马列主义宣讲。李启汉受组织委派，到上海沪西纱厂的集中区域小沙渡地区创办第一所工人学校。李启汉到小沙渡以后，就在安远路62弄，也就是锦绣里，找了三间房子并把它们租下来。楼底下三间连成一个大间摆了28个课桌椅，大约可坐56名学生。楼上两间，其中一间作为李启汉的办公室兼宿舍，另一间作为备用教室。两间简陋的教室、一盏煤油灯、一台留声机、一张写着"工人半日学校"的纸条，上海工人半日学校就此开学了。学校日常工作就由李启汉主持。

李启汉从实际情况出发，考虑到工人三班倒的作息，将课程分为早晚两次，因此学校被称为"半日学校"。教材则选用较为简单的普通识字书本。他希望在教字识图的同时，用通俗易懂的大白话向工人们传播马列主义思想，以此来解放工人的思想，启发他们的政治觉悟。

因为学校初办时宣传不足，再加上经费困难，以及对经营学校缺乏经验，因此学校在开办初期，报名的人数屈指可数。但是这怎么能难得倒李启汉，有困难就去解决，没有条件就创造条件！

上海工人半日学校旧址

面对挫折，李启汉积极应对。他想和沪西的工人们成为朋友，就直接穿上工人服装接近他们；他听不懂上海话，又努力学说上海话；他加入帮会，利用帮会关系鼓励工人们读书识字；工人们对于枯燥的教学没兴趣，李启汉就开展寓教于乐的文娱活动，在和工人们聊天、玩球、听留声机、放唱片的过程中，教他们明白工人为啥生活苦、帝国主义和资本家怎样剥削大家的道理。

黄桂生是日商棉纱厂里的一位年轻工人，他听说最近在锦绣里新开了一个工人补习学校，还免费提供教学，这种事情倒也稀奇。他们几个朋友就搭伙趁着一天休息日前去一探究竟。他们到了锦绣里，也不敢进去，就在门口观察情况，只见里面"咿咿呀呀"地正热闹着。"一个穿灰布夹袍的老师，中等身材，约莫二十岁，笑着从屋里走出来，亲切地招呼我们进去听留声机。"这是黄桂生对李启汉的第一印象。黄桂生看到教室里面已经坐着几个和他们穿着差不多的人，他们也就不避讳地进去了。进去之后他们环顾周围，很简陋，墙上挂着一个黑板，桌子椅子也很破旧，连油漆都没有涂，不过倒是干干净净，收拾得一尘不染。教室里还有留声机和唱片。李启汉把他们招呼进来后，便热情地与他们攀谈，问他们叫什么名字，从哪里来，家庭情况等问题。有几个工人一时紧张起来，半天不语。李启汉见此，想着活跃一下气氛，便张罗大家一起去外面踢足球。一听到要去踢足球，他们便兴致勃勃起来。大家一起踢着球，很快便熟络起来。踢到兴起，黄桂生不小心把球踢到了粪坑里，脚上也被污水溅到了。他立马慌了神，想到在日商棉纱厂里要是把东西弄脏弄坏，不仅要克扣工资，甚至会丢掉工作。他站在那里，一时不知如何是好。只见李启汉走过去，并没有骂他，反而关切地安慰他，拉他去把球洗干净，把脚擦干。之后李启汉又带工人们回教室，热情地替他们倒水，和他们拉家常。黄桂生哪里受过这样的待遇，当即决定进入学校学习，后来他成为历次工人运动的积极响应者。

就这样，李启汉硬是凭借着他的闯劲和共产党员不怕苦不怕累的精神把补习学校做得有声有色。他教工人争取自己的正当权益，和外商老板们做斗争。

上海第一所工人补习学校被资本家和当局多次打压后，于1922年7月被迫停办。但是正如毛泽东所说的，"星星之火可以燎原"，它传播下革命的火种，在前来上课的工人中，后来有不少人都加入了中国共产党，为后来的历次共产党组织的工人罢工运动做出重要贡献。

邓中夏

骨已成灰为革命
——杰出工人运动领袖邓中夏

人物介绍

邓中夏（1894—1933），湖南宜章人。早年考入北京大学并发起组织北大平民教育讲演团，参加过五四运动。1920年参加马克思学说研究会和中国共产党早期组织。1922年任中国劳动组合书记部主任。1925年参加领导上海工人二月大罢工以及省港大罢工。1928年后任中共江苏省委书记、广东省委书记等职。中共第二届、第五届中央委员。1933年5月在上海被捕，9月于南京就义。

他是中国共产党早期的一位卓越领导人和杰出的工人运动领袖，又是一位理论家和学者；毛泽东同志称他为"知识分子与工农运动相结合"的典范。他就是为革命奉献一生的共产党人——邓中夏。

邓中夏，1894年10月出生于湖南省宜章县邓家湾村。在俄国十月革命的影响和中国共产党创始人之一李大钊的启发与教育下，他开始接受马克思主义思想。1920年10月，邓中夏参加北京的"共产党小组"，是"共产党小组"的最早成员之一。他参加了五四运动期间的一系列革命活动，成为革命青年的代表人物。为了组织和领导工人运动，中国共产党于1921年8月在上海成立了中国劳动组合书记部。邓中夏先任北京部主任，在1922年5月当选为总部主任。之后，邓中夏先后参与组织和领导了长辛店铁路工人、开滦煤矿工人和京汉铁路工人的罢工运动。1925年，他在上海、广州先后参与组织和领导了上海日商纱厂四万余人大罢工和省港大罢工。这些罢工斗争取得了不同程度的胜利。

1930年，邓中夏从苏联回国，被党中央派往苏区，领导红二军团与湘鄂西苏区革命根据地工作。次年年底，他被调回上海。当时上海斗争环境严峻，生活困难，但邓中夏总是以乐观的革命精神应对。他对妻子说："我们都是党的战士，绝不能为了个人的爱而放弃对集体的爱，需要的话，是要把自己的一切都交出去的！"

1932年，党组织委派邓中夏担任全国赤色互济总会主任兼党团书记，从事地下工作。

1933年5月15日晚，邓中夏在上海互济总会研究和布置工作，

1930年，邓中夏在莫斯科与家人的合影

被法国租界巡捕逮捕。在狱中敌人用各种刑具妄想摧毁邓中夏的意志。他遍体鳞伤，两手被电刑烤得枯焦。但不管如何用刑，他始终不屈服。他以共产党员的坚定信念和钢铁意志，挺住了敌人高官厚禄的利诱和严刑拷打的摧残。敌人无奈地说："你态度这样强硬，难道不想出去了吗？"邓中夏冷笑道："我没有进来前倒是想到有一天会进来，进来后却没有想过要出去。你们可以把我杀死，但是你们绞杀不了中国的革命。"狱中秘密党支部派人询问他的政治态度，他坚定地回答："请告诉同志们，我邓中夏就是烧成灰，也是共产党人！"9月21日，他高昂着头，呼喊着口号，走向了雨花台，用自己39岁的生命，践行了一名共产党员许下的为共产主义事业奋斗终生的诺言。

　　邓中夏的一生是短暂的，却是辉煌的，他对共产主义信仰矢志不渝，将自己短暂的一生无私地奉献给中国的革命事业，投入到了他为之奋斗的工人运动中。他视死如归，浩气长存，用"燃烧"的生命映红了党的旗帜，也映红了中国工人运动的旗帜。

五卅火种
——中国工人运动的先锋顾正红

人物介绍

顾正红（1905—1925），江苏阜宁人。中共党员。1922年先后进入上海日商内外棉九厂、七厂工作。1924年参加沪西工友俱乐部，成为工人夜校活动的积极分子。1925年参加二月罢工，同年5月15日为捍卫工人利益，惨遭日商资本家枪杀。他的牺牲成为了五卅运动的导火索。

上海的普陀区素有"赤色沪西"的美誉，是中国工人运动的发源地之一。在昌化路上，有一条"正红里"，是为了纪念一位中国工人运动的先锋而取名的，他的名字叫顾正红。

1905年，顾正红出生于江苏一户贫苦农民家庭。他11岁时，家乡发大水，只能跟着母亲和弟妹一路乞讨，逃难到上海去投奔在上海油厂做苦力的父亲。然而父亲的工钱少得可怜，一家人的生活十分窘迫。

17岁时，顾正红经老乡推荐进入上海日商内外棉九厂做工。

他干活十分卖力,可一连几个月也没拿到工钱。后来他才知道,这是新进厂工人的"规矩",而工钱早已落进"拿摩温"(即工头)的腰包了。

哪有这样的道理?顾正红激愤不已,指着"拿摩温"的鼻子责问:"活儿是我做的,你凭什么拿我的工钱?""拿摩温"二话不说,反手给了顾正红一记狠狠的耳光。顾正红想要还手,却被身旁的工友死死拉住。他岂肯罢休,约了几个要好的兄弟,等在"拿摩温"回家的路上,将他劈头盖脸揍了一顿。这口气虽然是出了,但顾正红也因此被工厂开除了。

好在有相熟的工友帮忙,顾正红又进入了日商内外棉七厂做工,但能拿到的钱依然少之又少。当时的情况是,工人每天要工作12个小时,却只能拿到0.3块钱的薪水,养活自己尚且不够,更不用说要养活家人。顾正红常常为工人受到剥削和不公平的待遇而不平,但他又不知道如何改变这种情况。

就在他苦思不得其解时,一道曙光照进了他的生活。1924年,中国共产党在沪西工人区开办工人补习学校,教授工人知识,又创立"沪西工友俱乐部",组织工人活动。起初顾正红只是跟着工友看看,渐渐地,他成了其中的积极分子,刮风下雨也从不缺席早退。在党组织新思想的影响下,顾正红从一个光靠拳头说话的青年成长为一名坚定的共产党员。白天他参加工人纠察队,向群众宣传工人运动的意义;晚上在家里,他给工友们讲革命道理。

1925年2月,共产党领导组织上海多家日本纱厂四万多名工

沪西工友俱乐部旧址

人大罢工并取得胜利，日商不得不签订了优待工人等四项条件。顾正红积极参于其中，第一次体会到革命道理的伟大实践，那种自豪感简直刻骨铭心。与此同时，家中的父亲生怕儿子会吃亏，再三劝顾正红不要再出头。顾正红却安慰道："父亲，你放心，如今我们广大的工人朋友们不都团结起来了吗？总有一天,咱们一定能胜利！"

父亲的担忧并非没有道理，这次的大罢工招致日商资本家的怀恨。1925年5月14日，日本厂主突然开除内外棉十二厂工人代表多人，并宣布停工。工人质问厂方，却遭到铁棍殴打。

5月15日下午，顾正红根据党组织的指令，带领工友们冲入工厂，与日本人理论，却见副总大班元木和七厂大班川村带着一群打手，杀气腾腾地奔来，显然是早有准备。顾正红走在队伍前列，虽然手中的武器只是纺纱机器上拆下来的打梭棒，但他丝毫不惧，领着工友们向前冲。殊不知，此时已有一个罪恶的枪口悄然瞄准了他。七厂大班川村对顾正红早就恨之入骨，一枪便击中了顾正红的左腿，随后，又迎面向顾正红腹部、头部接连开枪。顾正红的身体剧烈摇晃着，他的双眼几乎喷出火来，却已力不从心。

顾正红的鲜血瞬间点燃了在场工人们的愤怒，赤手空拳的工人与手持枪械的打手坚持斗争了一个多小时，直到巡捕房派来大批武装巡捕，才暂时平息下来。工友们急忙将顾正红送到医院。5月16日，年仅20岁的顾正红终因伤势过重，永远闭上了眼睛。

顾正红的英勇牺牲，燃起上海工人的反帝怒火，成为五卅运动的导火线。5月18日上午，工人们抬着顾正红遗体游行。他们高喊着"打倒帝国主义""日寇滚出中国去"的口号。每一句都饱蘸着泪水与愤怒！越来越多的工人和学生聚集在顾正红烈士的灵柩前，他们发誓要为烈士报仇！要为受剥削压迫致残的中国工人报仇！

为抗议顾正红惨案，
内外棉等厂的工人举行罢工游行

5月30日，上海的爱国学生走到南京路上抗议外商暴行，随即遭到英国巡捕的拘捕。得知这个消息的愤怒群众高喊着爱国口号，聚集在巡捕房门口，要求释放这些学生。可是英国巡捕却无动于衷，甚至开枪屠杀手无寸铁的群众，当场就打死了十三个人，重伤数十人。这就是震惊中外的五卅惨案。

全国各地的工人、学生纷纷罢工罢课，响应上海人民的爱国运动，由此浩浩荡荡的"五卅"反帝爱国运动终于吹响了全面战斗的号角。而顾正红，作为这次伟大运动中的"工人先锋"，他的名字也与"五卅"运动牢牢联系在一起，镌刻在中国革命史的光辉岁月中，供后人永远铭记。

陈延年

躬身力行为奉献
——"小列宁"陈延年

人物介绍

陈延年（1898—1927），安徽怀宁人。早年赴法勤工俭学。1922年参与组建旅欧中国少年共产党，同年参加中国共产党。1923年进入莫斯科东方大学学习。1925年任中共广东区委书记，参与领导省港大罢工。1927年，先后任中共江浙区委书记、上海区委书记等职。中共第五届中央委员。1927年6月，在参加中共江苏省委干部会议时被捕，不久于龙华就义。

1924年的年末，在广州街头，一个年轻人正躬身拉着人力车，熟练地过桥上坡。他身材健壮，皮肤黝黑，穿着粗衣布鞋，拉起车来有模有样，看上去跟其他的人力车夫并没有什么两样。大家都亲切地喊他"老陈"。他就是时任中共广东区委书记的陈延年。我党的重要干部，怎么拉起人力车来了呢？让我们一起看看他的事迹。

在中国安徽省的西南部，有一座历史悠久的小县城，它就是怀宁。每年春天来临的时候，山花竞放，暖风拂过湿润的空气，阳光亲吻河泽，焕发着勃勃生机。1898年，陈延年就出生在这里。

在陈延年出生后不久，他的父亲陈独秀就离家去了东北，走上了革命的道路。幼时的陈延年非常聪明，学习用功，而且特别喜欢读书，家里的书读完了，就跑到邻居家借书来读。6岁的时候，陈延年被母亲高氏送到私塾里读书。1915年，陈延年和弟弟陈乔年被父亲接到了上海。初到上海，他们先在一家法语学校学习法语。虽然来到父亲的身边，但是对陈延年而言，这是一段非常艰苦的日子。父亲要求严格，每月只给他10块钱生活费，交了学费，就所剩无几。很长一段时间，他持续着半工半读的日子，生活很艰难。但是，陈延年却把这看作是"天将降大任于是人"之前的历练。就是在这样的情况下，陈延年考入震旦大学。为了寻求救国的真理，1919年底，陈延年和弟弟登上了开往法国的邮轮"安德烈朋号"，开始了在法国勤工俭学的生活。在法国学习的四年时间里，陈延年对马克思主义有了进一步的了解，坚定了自己的信仰。1923年3月，根据党组织的安排，陈延年等12人又来到莫斯科东方大学学习。

1924年9月，陈延年接到党中央指令，结束了在外四年多的留学生活，回到了祖国。当时，国共第一次合作的统一战线已经建立。回国后，陈延年被派往广东，先后任社会主义青年团中央驻粤特派员、中共广东区委秘书兼组织部长。

中共广东区委旧址

在广东期间，陈延年着力于党的建设，与同志们分别奔赴广东、香港、广西、福建南部开展革命活动，发展党员，建立党的组织。在不到两年时间里，党的组织迅速在这些地方建立起来，党员数量从最初的几百人发展到5000多人。虽然担任了党内的高级领导职务，但是在生活上，陈延年一直坚持艰苦朴素的原则。组织发放的生活费，他除掉留下伙食费和必要开支，剩下的全部作为党费上交。

为了更好地发动工人，他总是亲自到工人中间做宣传工作。当时，人力车是重要的交通工具，所以人力车夫是广州工人队伍中的一支重要力量，但是他们却没有自己的工会组织。陈延年就主动去拉黄包车，跟车夫们交朋友，还经常深入到一些人力车夫家中访贫问苦，也就是我们在开头提到的那一幕。广州的人力车夫生活很苦，陈延年和他们同劳作、共辛苦。遇到一些老年车夫正在拉活儿，他都会主动上前帮忙，赚了钱则分文不取。因此，他在人力车夫中间享有很高的威信。很快，陈延年就组织了人力车工会，帮他们争取权益，还在人力车夫中发展了党员。后来当那些人力车夫得知，这个和他们一起拉车，衣着朴素，甚至对自己十分抠门的年轻人，是个喝过洋墨水的念书人，都不敢相信。

陈延年曾经说："现在，革命斗争还很艰苦，党的经费亦不充裕，很多同志都是为党无私奉献。我们是党员，事事要以党的利益为重，不能只讲享受，要艰苦奋斗。"

1927年4月，以蒋介石为首的国民党新右派在上海发动反对国民党左派和共产党的武装政变，大肆屠杀共产党员、国民党左派及革命群众。大批革命者倒在血泊之中。1927年6月26日，陈延年被国民党特务逮捕。在狱中，敌人软硬兼施，想要从陈延年口中获得中共江苏省委的重要情报。酷刑之下，他宁死不屈。1927年7月4日夜，陈延年被押赴刑场，当刽子手要他跪下时，他傲然屹立："革命者决不下跪，只能站着死！"刽子手一拥而上，拼命把他往地上按，他一跃而起，如是反复再三，刽子手只好放弃，最后一阵乱刀，将其活活砍死。

风雨激荡的革命岁月早已一去不复返，无数的英烈人物用他们的鲜血在历史上挥就浓墨重彩的一笔。他们用自己无私奉献的精神，谱写出了一曲曲生命的壮歌。陈延年的一生虽是短暂且悲壮的，但他心系天下，为革命事业鞠躬尽瘁，成为民族之楷模、国家之骄傲！正值芳华的我们更应以先驱为楷模，承革命先烈之宏愿，不负韶光，砥砺前行，为实现中国梦而努力奋斗。

抛家舍业
——"农民运动大王"彭湃

人物介绍

彭湃(1896—1929),广东海丰人。早年留学日本。1924年参加中国共产党。同年参加创办广州农民运动讲习所。1927年参加南昌起义,任中共前敌委员会委员。后领导建立海陆丰苏维埃政权。1928年后在上海任中共中央农委书记、中央军委委员兼江苏省委军委书记。中共第五届中央委员,八七会议上当选为中央临时政治局委员,第六届政治局委员。1929年于龙华就义。

在龙华烈士纪念馆里,陈列着这样一位英烈的事迹:他出生于广东省海丰县一个工商地主家庭,却被毛泽东称为"中国农民运动大王";他是海陆丰起义的领导者,建立了中国第一个红色政权——海陆丰苏维埃政府;在当选中央政治局委员后的第二年,年仅33岁的他在上海龙华英勇就义。他就是彭湃。

1896年,彭湃出生在一个地主阶级家庭。彭家是当地的名门望族。当时彭湃的家境到底有多富有呢？他在《海丰农民运动》一文中谈到自己的家庭："我的家庭在海丰县可以算作个大地主，每年收入千余石租，共计被统辖的农民男女老幼不下千百人。"但是这种优越的生活环境，并没有腐蚀掉他的社会良心和认知力。彭湃认为，生在较富的人家，受教育的机会比别人多些，他就应该比别人觉悟得更彻底些，更迅猛些。于是他"固执"地摆脱家长式"光宗耀门楣"的既定路线。当时的中国，战乱不止，民不聊生，而农民尤为悲惨。在海丰县，农民拼力苦耕，却要将大部分粮食上交地主，不能糊其口；地主还勾结军警催租逼债，乡民畏官。目睹社会种种惨状的彭湃，深深体会到"教育"的重要性。于是他坚定信念去海外留学，寻找救国救民的良方。

1917年6月，彭湃怀着寻求真理、振兴中华的伟大抱负，东渡日本。他考入早稻田大学政治经济科，为的就是将来研究我国政治经济，秉志改革。早稻田大学的学术研究自由气氛比较浓厚，是当时传播社会主义的阵地之一，教授中也有许多著名的进步学者。在社会主义思潮影响下，彭湃不断对比西方各种经济、政治学说，选定以马克思主义为信仰，将变革当时的中国

1917年，彭湃在日本留学时伏案学习

社会作为自己毕生奉献的理想和事业。三年后，彭湃带着一腔热血回到祖国。他回到家乡海丰后，担任海丰教育局局长，从教育入手变革社会：他积极推广农村教育，传播马克思主义，创办女子学校和成立劳动者同情会。

他给学生教授经济学课程，是在草地上进行的。他不喜欢站在那显得人高出一截的讲台上，而是盘腿坐在同学们的中间。黑板和粉笔都是不需要的，更不必说教鞭了。同学们对他非常亲近，因为他是拿朋友的态度看待他们的。像他这样的人，在官厅里自然是不能够久安其位的。因为与上司意见不和，他辞职了。这是他人生一个相当重要的分界点。他"叛逆"地毅然选择放弃优越家世，为理想而奋斗。

中国革命想要成功，中国境内占着人口绝大多数的农民必须翻身，这是不容怀疑的真理了。问题只在于什么人和用怎样的方法去叫醒他们，使他们团结起来成为一股排山倒海的力量。彭湃摘掉优雅礼帽，脱下笔挺西装，时常身穿粗布衣裳，头戴斗笠，光着脚丫，来到田间泥埂上同贫苦农民交朋友，并与他们一起劳动。为了更好地开展农民运动，点燃农友参加革命的热情，彭湃还将从祖父那里继承过来的田契分给了租户，租户们不敢要，于是彭湃就当众将田契全部烧毁。因而，家乡农民亲切地叫他"湃哥"。这个"湃哥"还是第一届和第五届广州农民运动讲习所的负责人。1924年在广州，彭湃参与创办农民运动讲习所。学员们从农民运动讲习所学有所成后奔赴各地农村，去开展农民运动。

革命的火种在广大农村被点燃，唤醒亿万的贫苦农民汇聚到大革命的洪流之中。

1929年8月，彭湃因叛徒出卖被捕，被关押在上海龙华警备司令部看守所。在狱中，他坚贞不屈，英勇斗争。他在牢房墙上画了一条龙，豪迈地说道："愿我能像这条龙一样，今后在天上翻云播雨，滋润人间。"

彭湃牺牲了，但他抛家舍业的豪气，必将万古长存；他无私奉献的品格，必将代代相传。

彭湃（二排左十二）和广州第五届农讲所学员毕业合影

军委四烈士（彭湃、杨殷、颜昌颐、邢士贞）

大公无私,践行使命
——为工人运动辞官的杨殷

人物介绍

杨殷(1892—1929),广东香山(今中山)人。早年参加中国同盟会和中华革命党。1922年参加中国共产党。1923年在广东从事工人运动。1925年参与领导和组织省港大罢工。1927年广州起义后任广州苏维埃政府人民肃反委员、代主席。1928年秋到上海任中共中央军事部长。中共第六届政治局委员、常委。1929年于龙华就义。

1929年8月30日,彭湃、杨殷、颜昌颐、邢士贞四位烈士,从上海淞沪警备司令部看守所走上了刑场,为了中华民族的伟大复兴和人民的自由幸福,他们选择了坚守初心和使命,慷慨献身,英勇就义!

杨殷是中国共产党早期的革命活动家,省港大罢工和广州起义的重要领导人之一,是中国工人运动先驱。他生于珠江,壮烈牺牲于黄浦江畔，他的革命斗争事迹，长期在群众中传颂着。

1914年，杨殷来到上海，从革命党人许风山处获悉袁世凯的得力将领、时任上海镇守使的郑汝成是指使杀害国民党领袖宋教仁的幕后人物之一。根据革命党的指示，杨殷决定暗中除掉郑汝成。有一天，郑汝成骑马出巡，招摇过市时，杨殷突然从巷子里冲出来，向郑汝成投掷炸弹，致其受伤。爆炸当即引发街上群众惊惶逃离，警察闻声四处追捕投掷炸弹的人，然而怎么也没找到，原来机智的杨殷躲进了理发店，佯装在理发，躲过了警察的搜寻。此事被革命党人知悉后，都纷纷赞扬杨殷沉着冷静、临危不乱。

1922年秋，杨殷通过杨章甫和梁复然的介绍加入了中国共产党。中国共产党的成立给当时处在水深火热中的中国人民带来了希望和光明。杨殷在共产党员杨匏安、杨章甫等人的帮助下，学习了马克思列宁主义。通过交流和学习，杨殷深刻地认识到国民党是没有办法改变国民问题的，只有中国共产党才能够改变。杨殷曾经是西关盐务稽查处的负责人，入党后，他毅然辞去了这份官职，全力从事党的工作，并且拿出了自己的积蓄，甚至变卖了自己的房屋、田地以及已故爱人留下的黄金首饰，将变卖得来的钱全数交给了党组织，帮助党组织解决活动经费困难的问题。此后，为了专心做好党的各项组织工作，杨殷还把两个年幼的子女托付亲朋代为抚养，他的这种大公无私的行为充分展现了共产党人对党无限忠诚、甘于奉献的精神。

1922年底，杨殷和冯菊坡、王寒烬等人被派往莫斯科进行参

杨殷与家人的合影，后排中间是杨殷

观学习。1923年回国后，杨殷在广州开展工人运动，为中国工人运动的开展做出了卓越贡献。杨殷在大革命时期是中共广东区委委员，同时也是两广区委的监察委员。

大革命失败后，杨殷转到香港，任中共广东省委委员。国共合作时期，国民政府设在广州。杨殷派郑全到广州卫戍司令部谍报科工作，为党收集情报；派专职侦探黎胜到广州公安局工作，从监狱中救出了部分被捕的共产党员。杨殷的才智也体现在情报工作上。有一次，杨殷和梁复然从香港出发前往海南岛。敌人在船上发现了他们，杨殷马上做出了反应，果断地与梁复然分开。他比原计划提早下了船，成功地脱离险境。杨殷常常将情报、党内文件或手枪携带于皮箱的夹层中，往返澳门、广州、香港等地完成组织交代的任务。

1929年8月24日，杨殷与彭湃、张际春、颜昌颐、邢士贞等人在上海开会，会议在新闸路经远里12号二楼举行。由于白鑫叛变告密，帝国主义巡捕房将他们五人逮捕。党中央组织了一次营救行动，计划在他们前往淞沪警备司令部的途中进行营救，但是最终营救计划失败了。8月30日,蒋介石下令枪杀杨殷等四人。杨殷出狱门时笑着对难友说:"朝闻道,夕死可矣!"到了刑场,他对敌士兵演讲,高呼"打到帝国主义""打倒蒋介石""中国共产党万岁"等口号。杨殷牺牲时,正是风华正茂的壮年。

杨殷使用过的皮箱

  中央苏区在杨殷牺牲后设立了杨殷县,以此纪念。杨殷大无畏的革命精神代代相传,长存人间。

> 我既以身许党，就应为党的事业牺牲。奈何因病行将辞世，未能战死沙场，真是憾事！
>
> ——缪伯英 一九二九年

缪伯英

以身许党 无悔青春
——中国共产党第一位女党员缪伯英

人物简介

缪伯英（1899—1929），湖南长沙人。1920年初参加北京大学马克思学说研究会。同年11月，参加由李大钊等在北京组织的"共产党小组"，成为中国共产党的第一位女党员。1922年任中国劳动组合书记部秘书，并承担妇女部工作。历任中共北方区委妇女部部长、中共湖南区委妇委书记等职。1927年在上海任中共沪东区委妇委主任。1929年在上海因病去世。

1899年10月，缪伯英在湖南省长沙县清泰乡（今长沙县开慧镇）一个清贫的知识分子家庭出生。她的父亲缪芸可先生是晚清秀才，主张"教育救国"，兴办新学，尤其重视妇女教育，于民国初期曾参与创办过好几所中小学和女子职业学校。在这种家庭环境的影响下，缪伯英对学习有很强的主动性。她在学校成绩名列前茅，回到家里还带领弟妹们一起学习。

1919年,缪伯英以长沙地区第一名的成绩,考入北京女子高等师范学校。当时,北京大学是新文化运动的中心,社团组织十分活跃,各种进步刊物广为流传。缪伯英经常到北大听报告。知名革命家李大钊在一次授课中讲到在国家存亡的形势下青年人学习和生活的方向时,他大声地号召在座的各位青年:"只要我们有觉悟的精神,世间的黑暗终有绝灭的一天。努力啊,猛进啊,我亲爱的青年。"缪伯英年轻的心瞬间被这些热血的言语击中。课后她第一时间找到李大钊对他说:"您讲得真好,我不是北大的学生,您能收我做学生吗?"李大钊首肯了,他看出了这位年轻人眼里的真诚。从此,缪伯英一有机会便寻得李大钊请教,成为李大钊的得意弟子。

1920年底,缪伯英参加了由李大钊等在北京组织的"共产党小组",投身到批判腐朽没落的旧礼教和旧制度的斗争中,号召女同胞解放思想,做新时代的女性。1921年7月,中国共产党成立,缪伯英加入中国共产党,成为中共历史上的第一位女党员。自此,缪伯英一直奋战在工人运动、妇女运动和学生运动的最前线。

1921年10月9日,北京景山西街中老胡同五号寓所举行了一场简单而温馨的婚礼,缪伯英和何孟雄结婚了。这就是中共党史上著名的"英雄夫妻",他们有着共同的理想信念,一边读书,一边从事革命工作。从那天起,他们家就成了党组织的地下联络站,同志们经常在此聚会活动。陈独秀等同志赴苏俄出席共产国际第四次代表大会途经北京时,就住在他们家。为了保证革命工作信息和同志们的人身安全，缪伯英把他们携带的秘密文件缝在衣服内衬里，巧妙地掩护了身份，让他们安全抵达目的地。

1927年秋，缪伯英化名廖慕群，作为华夏中学的一名物理教师，和丈夫一起来到上海，实际负责主持沪东区妇委会工作。这个时候的上海正被国民党反动派所营造的白色恐怖笼罩。缪伯英心思缜密，做事细致谨慎。她多次对帮助处理家务的族弟缪位荣说："我们如果有两个晚上不回来，你就赶快搬家，以减少不必要的牺牲。"他们住在租界内，这里的斗争环境十分恶劣，一有情况就得立刻搬家，有时几天就要搬一次家。缪伯英每天早出晚归，家中还有一双年幼的儿女——何重九、何小英需要照顾。这种居无定所、食无定时的生活，加上超负荷工作，使她的身体越来越虚弱。1929年10月下旬，她染上伤寒，积劳成疾的身躯终于倒下了。生命垂危之际，她对丈夫何孟雄说："我既以身许党，就应为党的事业牺牲。奈何因病行将辞世，未能战死沙场，真是憾事！孟雄，你要坚决斗争，直到胜利……善待重九、小英两孩，使其健康成长，以继我志。"年仅30岁的缪伯英带着对党未竟事业的遗憾和对亲人的眷恋去世了。三个月后，她的丈夫

1925年，缪伯英与儿子在长沙的合影

何孟雄牺牲于上海龙华刑场。他们的一双儿女被监禁于上海龙华监狱一年多后，被送进了孤儿院，在 1932 年日军攻打上海时的炮火中失散，从此杳无音信。

李大钊先生曾说过："吾愿吾亲爱之青年，生于青春，死于青春。"这是他对青年们的希望。缪伯英用无私奉献的精神以身许党，在寻求民族复兴的征程中绽放自己的青春年华。虽然缪伯英的生命只有短短的 30 年，但她用生命谱写了中国共产党第一位女党员的壮丽篇章。

杨匏安

竹死不变节，花落有余香
——"变节是不可能的"杨匏安

人物简介

杨匏安（1896—1931），广东香山（今珠海）人。早年留学日本。五四运动期间发表了大量宣传马克思主义的文章。1921年参加中国共产党。1923年起历任中共驻国民党中央党团负责人、国民党中央组织部代理部长、中央执行委员会常委等职。1925年参与领导省港大罢工。1927年任中共第五届中央监察委员。1929年在上海中共中央机关工作，并任农民部副部长。1931年7月在上海被捕，后于龙华就义。

1931年7月25日清晨，上海租界东有恒路（今东余杭路）2048号的民房内，突然闯进了大批巡捕和国民党特务，他们不由分说，抓捕了屋内正躺在床上养病的一名年轻男子，并马上把他秘密关押进了上海淞沪警备司令部。这名男子被抓捕的消息，经过特务们的层层上报，报到蒋介石面前。蒋介石得知此消息后喜出望外：这个人可是才华横溢的人才，若是能为我所用，必成利器。蒋介石立马派出亲信劝其投降。这位年轻男子到底什么来头，竟然能直接惊动国民党高层？

这位年轻男子正是杨匏安。1924年国民党一大召开之后，杨匏安任国民党中央组织部部长；1926年国民党二大召开后，杨匏安被选为国民党中央执行委员，作为九大中央常委之一，负责中央日常事务的处理；1927年中共五大成立了中央监察委员会，杨匏安当选中共中央监委副主席、委员。在大革命时期，像杨匏安这样一位在共产党和国民党内都曾位居高位的人是不可多得的人才。

国共合作期间，杨匏安在国民党供职，每个月工资要比普通人高出很多。据杨匏安的孩子后来回忆："父亲那时一个月的薪金有300多块大洋，足以买田、买地。但他把绝大部分钱都上交给中共党组织作为组织的活动经费，只留下极少的一部分作为家用。"因此，他们家就不可避免地生活困难了，家人都必须去做工贴补家用。

由于常年劳累加上营养不足，本来就患有肺病的杨匏安身体每况愈下，时不时咳嗽吐血，有时候甚至连喘气都很困难。尽管这样，他也从来不向党组织表达自己的难处，放在第一位的永远是党组织的工作，而不是自己的身体。

四一二反革命政变之后，中国革命进入低谷，中国共产党面临着被敌人瓦解和消灭的危险。许多人对革命悲观失望，甚至出卖组织和曾经的战友。杨匏安就是在这种情况下被叛徒给出卖了。

一副眼镜、五元纸币一张、两元纸币两张，还有几本介绍马克思主义的书，这是当时杨匏安被抓捕时从他身上搜到的全部物品。

杨匏安被捕入狱后，他深知自己已经出不去了，于是托人传了一张便条给家人，其中一句原话是："缝纫机虽穷不可卖去。"家里的缝纫机是整个家庭唯一的经济来源，他叮嘱家人要依靠缝纫机自力更生，务必不要给党组织添麻烦，实在过不下去就回广州老家谋生路。便条的字里行间无不体现着他无私奉献的牺牲精神。

杨匏安被关押在上海淞沪警备司令部，蒋介石立刻派出时任淞沪警备司令部司令的熊式辉和吴铁城等人前去劝降，结果可想而知，这些人遭到了杨匏安的训斥与严词拒绝。后来蒋又派出国民党中央监察委员吴稚晖前去劝说，吴稚晖巧舌如簧地"劝"杨匏安："蒋总司令不要你出卖同志，也不要你出卖良心，只要你写一份自首书或在报上发表声明脱离共产党，就给你自由，并且保你有高官可做。"杨匏安昂首挺胸地回答："我是为了寻求真理才加入共产党的，既已选定，就不能动摇。"吴稚晖又以死亡相逼，杨匏安淡然一笑："我从参加革命开始，就已经把生死置之度外了。死可以，变节是不可能的！"

蒋介石看重杨匏安的才能，先后写了两封亲笔信让杨匏安亲启。信送到杨匏安手中时，他连看都没看，直接撕了个粉粹。劝降进行到最后，蒋介石直接亲自打电话到狱中要杨匏安接，狱卒把杨匏安领到电话机旁，当他得知电话是蒋介石打来的之后，他

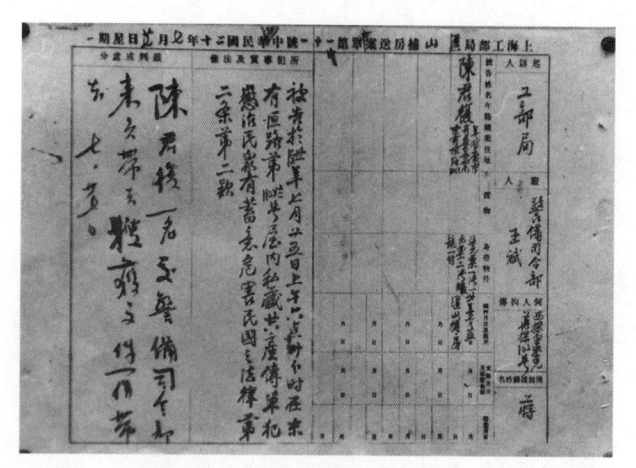

陈君复（杨匏安）被捕送案单和裁决书

轻蔑地一笑，拿起电话，还没等蒋介石说话，便将话筒重重摔到墙上。蒋介石恼羞成怒，当即下达了"就地枪毙，让他秘密消失"的命令。1931年8月的一天深夜里，杨匏安在淞沪警备司令部内的荒地上被秘密枪杀。

杨匏安，一生忠于党和人民，无私奉献，在最好的年华献身革命，我们将永远铭记他的事迹，他的精神也将会永远流传下去……

龙华英烈故事集

钱壮飞

小学生 红|色|阅|读|书|系

隐蔽战线上的传奇人物
——红色特工钱壮飞

人物介绍

钱壮飞（1895—1935），浙江湖州人。1926年参加中国共产党。1928年到上海，后参加中共中央特科工作，秘密打入国民党情报机关。1931年4月，他及时将中央特科负责人顾顺章被捕投敌的情报报告中央，为保卫中共中央和上海党组织起到了重要作用。1932年赴中央苏区，先后任红一方面军保卫局局长、中央军委二局副局长等职。1934年参加长征。1935年任红军总政治部副秘书长。同年在贵州息烽遭国民党军袭击牺牲。

在中国共产党艰苦漫长的革命斗争历程中，除了与敌人面对面作战的公开战场，还有一条为夺取革命胜利而发挥了重大作用的隐蔽战线。他们的伟大也许就展现在某一个瞬间，通过某一个情报，影响一个战局，甚至改写一段历史。钱壮飞便是隐蔽战线上的杰出人物之一。

1931年4月25日，一个平常的周末，在南京中央饭店一侧的"正元实业社"里，钱壮飞如往常一样留下来值班。晚上九点多，一名工作人员推开他的房门，轻轻走了进来，把一封标有"徐恩曾亲译"绝密字样的电报交到他手上。当时，钱壮飞工作的这家"正元实业社"名义上是经营无线电器材的店铺，实际上是国民党中央组织部党务调查科所在地，而这个部门就是日后国民党最重要的特务组织"中统"的前身。

那么钱壮飞又是如何打入国民党情报部门的呢？让我们把时间拨回到1927年。这年蒋介石发动了震惊中外的四一二反革命政变，大肆屠杀中共党员和革命群众。在严峻的形势下，中共各级组织被迫转入地下。党中央于11月，在上海秘密成立了情报机构——中央特科。危难时期成立的中央特科，所设四科中就有情报科。而隶属于情报科的钱壮飞于1929年底利用国民党高层的人事变动，打入敌人内部，成为国民党特务头子徐恩曾的机要秘书。从此，他与同时打入敌人内部的李克农、胡底等战友一起，在周恩来的直接领导下，成为我党插入敌人内部的三把尖刀。

钱壮飞在敌人的"心脏"里巧妙周旋，应对自如，进一步取得了大特务头子徐恩曾的信任，时常不离左右。当时，钱壮飞发现徐恩曾贴身收藏了一本国民党首脑人物和特务头子互通情报用的密码本。按照蒋介石的指令，这个密码本只允许徐恩曾一人保管使用。因此他总是将密码本藏在贴身衣袋里，从不离身。怎样才能搞到这个密码本呢？钱壮飞苦苦思索和等待着。终于有一天机会来了。那天，徐恩曾去上海度假，临走的时候钱壮飞提醒他外出不要随身携带机要文件。徐恩曾也觉得这样不安全，他便把密码本留了下来锁进机要柜。钱壮飞设法取出了密码本并用照相机拍下全部内容，然后又放回原处，丝毫未引起徐恩曾的怀疑和察觉。

很长的一段时期里，钱壮飞掌握了敌人许多核心机密和绝密情报，如国民党几次大"围剿"的计划刚刚制订，尚未下发作战部队，其全部内容就已被破译，并被送到中央苏区。

1931年4月下旬，时任中共中央政治保卫部门主要负责人的顾顺章在武汉被捕后叛变，将在上海的中共中央机密全部供出。捕获他的武汉特务机关为了邀功请赏，当天即向南京发出了6封电报。

武汉来电，封封加密。正在国民党情报部门值班的钱壮飞凭着他从事多年情报工作的敏感性，觉得此事非同一般。他每签收一封，心里就多一份忐忑，多一份不安。但他又不敢轻举妄动，生怕身份就此暴露。李克农曾一再叮嘱他：你这个位置很重要，来之不易，不到万不得已，不能暴露。但他更怕错失重要情报，贻误时机，给党造成不可挽回的损失。眼看长夜将尽，他下定最后决心，从办公桌抽屉的夹缝里拿出了暗藏的密码本，开始逐字逐句进行破译。随着密电被一一破译，钱壮飞惊出了一身冷汗。这时候已经是周六晚上十点，顾顺章等人已经从汉口上船出发，周一早上就能到达南京。如果国民党当局根据顾顺章提供的线索，在上海动手的话，党中央的秘密机关就会遭到彻底破坏，上千余名同志将会落入敌手，包括周恩来在内的许多中央领导人也将处于危险之中。这个情报要立刻向党中央汇报，刻不容缓。

而此时留给钱壮飞的时间只有不到 48 个小时。他急忙翻出列车时刻表，查到晚上还有一班特快列车到上海，这是此时能从南京到上海最快的方法了。他立即跑回位于正元实业社隔壁的家中，让自己的女婿，同时也是我党地下交通员的刘杞夫，马上乘此班列车赶往上海，将情报送到李克农手中。

当党中央获悉这一紧急情况后，立即采取了一系列的果断措施，最终抢在敌人前面，对中央各级机关进行了大转移。钱壮飞以他过人的胆识与智慧，在关键时刻力挽狂澜，将一场扑向党中央的腥风血雨化小，避免了一场重大灾难。

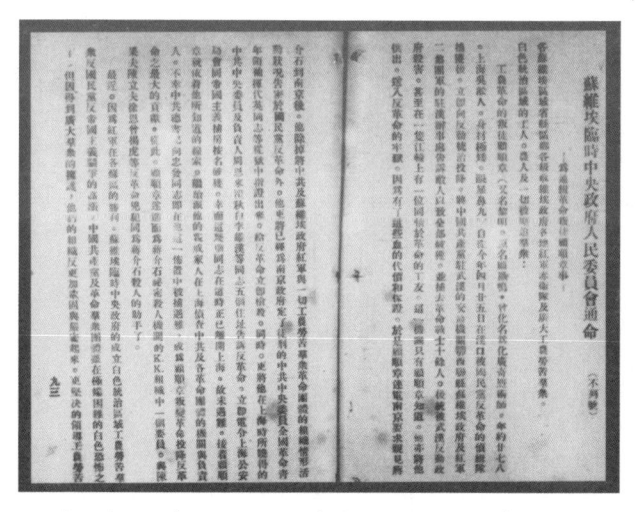

苏维埃临时中央政府人民委员会发出的顾顺章通缉令

我们党的隐蔽战线工作是党和国家革命事业不可分割的重要组成部分，隐蔽战线上的英雄们是党的钢铁脊梁。正如周恩来总理说过的一句话："如果没有钱壮飞，我们这些人早就不在了。"钱壮飞在这条战线上，用自己的忠贞、智慧和胆略创造了传奇般的战斗业绩，用忠诚与信仰铸就了中华民族的永久丰碑。

> 国难至此已到最后关头，国将不保，家亦焉能存在？
> ——蔡炳炎 一九三七年

蔡炳炎

绝命家书
——抗日英雄蔡炳炎

人物介绍

蔡炳炎（1902—1937），安徽合肥人。黄埔军校第一期毕业。1926年参加北伐战争。1937年任国民党陆军第十八军六十七师二〇一旅旅长。"八一三"淞沪会战开始后，率部抗敌于罗店一线。8月26日，于前线牺牲。

1937年8月22日，这个日子仿佛与往常没什么不同。常州的天刚蒙蒙亮，江上的轮船大都还静静地笼罩在雾气中，只有一艘亮着点点灯光。船上一位全副武装的军人在案前给妻子写着家书，一字一句都颇为斟酌。这位军人就是国民党陆军第十八军六十七师二〇一旅少将旅长——蔡炳炎。

信中写到自己时，蔡炳炎的目光沉静而坚定："殊不知国难至此，已到最后关头，国将不保，家亦焉能存在？"在写到孩子时，他坚毅的脸庞流露出不舍："保、亚、浙等儿辈均好吗？甚念！"他提笔，又放下，一桩一桩事儿都细细思虑过后，才继续写道："慕

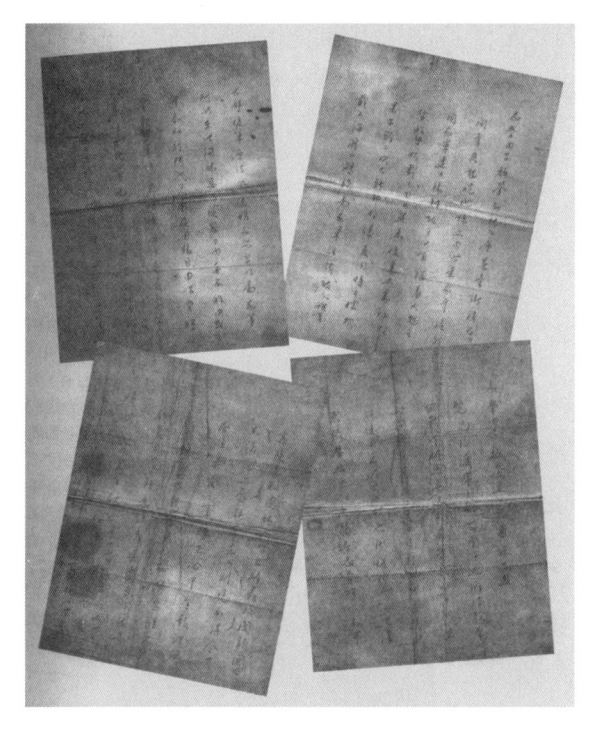

兰（指长女）之事，时在念中，望设法促成，以免我一件顾虑。老八（指次子浙生）资质甚佳，我颇爱之，希注意保育为要！"他详细地安排了身后之事，亦向妻子抒发了心中对国家面临生死存亡局面的悲壮之情。那一刻，他已决心为国家而战至生命最后一刻。

1937年8月22日，蔡炳炎由常州赶赴上海参战前写给妻子的信

天亮了，军队整装待发。蔡炳炎将家书郑重地交给邮差。他预感到这也许是自己最后的家书了，可能再也无法见到心爱的妻子和孩子们了。蔡炳炎的耳边似乎响起熟悉的旋律："以血洒花，以校作家，卧薪尝胆，努力建设中华！"这是他在黄埔军校读书时所唱的校歌，也是他革命征程的起点。此刻心中虽有千言万语、诸多不舍，但作为一名军人，蔡炳炎的意志无比坚定，即使他将面临的是一场兵力极其悬殊、生还希望极其渺茫的战局。

1937年8月13日，日军大举进攻上海，淞沪会战正式爆发。

经过数日苦战,战局一度陷入僵持。在中日双方增兵后,鏖战更趋激烈。在这样严峻的情况下,第十八军六十七师二〇一旅旅长蔡炳炎奉命率部赶赴罗店镇。罗店是上海的一个小镇,也是通往宝山、上海市区、嘉定和松山等地的重要枢纽。于是,罗店便成了双方必争之地。这场被称为"血肉磨坊"的罗店争夺战正式打响。

蔡炳炎带领着部下进驻罗店后,立即做了周密部署,还下了一道"连坐法"的军令,要求下属在战斗中,上下联系,共同进退,表明全旅官兵同生死、共患难的决心。

得益于蔡炳炎的部署和设防,日军的数次进犯都未能得

中国军队在罗店缴获的日军步枪与轻机枪

逞。直到24日,日方大批援军登陆,开始疯狂反扑。空中飞机轰炸、扫射,地面上坦克碾压,炮声震天。蔡炳炎部死伤惨重,但他并未选择后退,甚至还把旅指挥所向前推进100多米。

25日中午,强烈的阳光直射在将士们的身上。蔡炳炎作为旅长下达了最后一道军令:"本旅将士誓与阵地共存亡,前进者生,后退者死,其各凛遵!"他咬牙带领着剩余的将士们冲向敌军阵地,直至一发子弹飞来贯穿了他的胸部。牺牲之前,他仍然扬手高呼:"前进!前进!"

没有国,何来家?大敌当前,蔡炳炎首先是一名军人。他选

择了"誓与阵地共存亡",战斗到生命的最后一刻。而远方的妻子赵志学和孩子们,最终只等到了他留下的绝命家书。在这封家书的字里行间,我们不仅可以看到蔡炳炎作为丈夫和父亲对家人的关怀之情,更可以看到他作为一名中国军人誓死保卫国家的决心和斗志。

吕士才

"燃烧"自己,点燃他人生命
——模范军医吕士才

> **人物介绍**

吕士才(1928—1979),浙江绍兴人。1953年参加中国共产党。上海第二军医大学毕业后,任长征医院骨科军医。1979年,不顾自己身患癌症,带领医疗手术队赴对越自卫还击战老山前线抢救伤员。1979年在上海病逝。1980年被中央军委授予"模范军医"称号。

吕士才是上海第二军医大学附属长征医院的骨科军医。1979年,中国人民解放军边防军部队对长期武装挑衅本国军民的越南发起自卫反击作战。

1979年年初,吕士才受命担任某部医疗队队长,毅然奔赴老山前线,执行救治任务。在边境的四个月里,吕士才救治了无数伤员,战士李刚文便是其中一员。这年春天,李刚文身负重伤,他的右肩被子弹洞穿,大量出血,生命垂危。如果立即为他包扎止血,会造成右臂坏死而被截肢,但想要保全肢体,就可能危及他的生命。一个战士如果失去了右手，还怎么拿枪？吕士才对手术方案思虑再三。他既想救战士的命，也要保战士的手臂！在灯光昏暗的救护所里，吕士才在简易桌搭成的手术台上，弯着腰为李刚文缝合血管。他左手拿着钳子，右手捏着针，在细小的血管壁上进针、出针、夹线、打结，动作精准又娴熟。整整用了两个小时，李刚文腋动脉上的三个洞，全都修补好了，失血的手臂也渐渐有了血色。在保证他生命的前提下，他的右手臂也保住了。

谁能想到在接到出征命令的时候，吕士才已经身患癌症。他的病可以瞒过别人，却瞒不过他的妻子。收拾行囊的那晚，看着他强作笑颜，妻子说："老吕呀，你是老军医了，这样的身体状况，我怎能放心得下？"吕士才回答道："荣文，你不要难过。等我回来继续写《骨肿瘤》这本书。"

在战地上，吕士才和医疗队每天顶着炮火紧张地救治着伤员，常常忙得连饭都顾不上吃。而当时战地的手术台都是由简易桌拼接起来的，十分低矮。身材高大的吕士才工作时就要把腰弯得很低。当腰痛一阵阵袭来时，为缓解病痛，他就让护士给自己系上金属支架皮腰围，一刻也不停止手中的工作。由于伤员大多夜间送来，吕士才的手术通常从深夜做到黎明。时间最长的一次，他创下不眠不休工作近40个小时的纪录。在那个没有电灯照明的手术室里，吕士才总共进行了30例大手术、74例中手术、142例小手术，手术治愈率达到74.1%，甚至完成了断臂再植的手术，据统计，他在战场救治的伤员达到800余人。

战争结束了,吕士才回到上海,住进了医院。即使躺在病床上,吕士才也始终不忘自己身为医生的职责,他知道自己时间不多了,所以趁自己还清醒,就反复向医院交代论文修改、

吕士才在前线时,由癌症引起的剧烈腹痛和腰痛常使他站立不住,只能围上这皮腰围,才能坚持为伤员做手术

医院学科建设、各科室的配备等事情。他甚至不断查阅医学杂志和资料,编写出医学著作《骨肿瘤》一书。

"肝胆外科之父"吴孟超亲自为他主刀做手术,可癌细胞已经扩散到吕士才的腹腔,手术并没有治愈他的疾病。陷入昏迷的吕士才,用仅存的意识和力气,留下了生命中最后的几句话:"人生的过程,无非是生老病死,但生要生得有意义,死要死得有价值。"

1979年10月,吕士才永远地离开了人世。他的妻子说:"这就是老吕,如果让他再一次选择,我坚信他还是会义无反顾地走这条路。"吕士才这种对祖国、对党、对人民的忠诚和热爱,值得后人一直学习。

从"家睦"到"加木"
——献身边疆的科学家彭加木

人物介绍

彭加木（1925—1980），广东番禺人。曾任北京大学农学院助教。1949年后任中国科学院上海生物化学研究所研究员。1953年参加中国共产党。1979年任中国科学院新疆分院副院长。1980年5月，带领一支综合考察队赴新疆罗布泊考察，考察途中，不幸被流沙吞没而罹难。

广东番禺一个美丽的村落，有一户彭姓人家，四世同堂，家境殷实。1925年，彭家诞生了一个早产的婴儿，只有七个月就提前出世了，身体羸弱。村里一位有见识的老先生劝说婴儿的父母亲带婴儿去广州求医。老先生还给孩子取名彭家睦，意为家庭和睦之意。

抱着试试看的念头，这位父亲来到了广州柔济医院。医生把早产的婴儿放进一个奇异的用钢铁、玻璃作材料的"育婴箱"里进行医治。过了一段时间，这婴儿顽强地活了下来，睁开了双眼，逐渐长大。

彭家睦成长为少年后，在老师的教导下，他书不离手，嗜书成癖。就在这时，日本帝国主义加紧了对中国的侵略，安定的生活被破坏，老师告诉他们东北三省和华北平原被侵略的惨况，教他们唱流亡歌曲，寄托自己的满腔悲愤。

一天黄昏，响起令人胆战心惊的警报声，敌机飞来了，投下了一枚枚炸弹。彭家睦眼睁睁地看着这一切，他的心中充满了痛楚与怒火。不久传来消息，他所尊敬的老先生被弹片击中，不幸身亡。他扑倒在老师的灵前，大声痛哭，可是流泪无济于事。他站起来，擦干眼泪，拿出了地理课本上的中国地图，在上面写下两行字："祖国伴着你，你和祖国在一起。"

抗战胜利之后，彭家睦前往北京求学，1947年，他从中央大学毕业，在老师的举荐下，进入上海的中央研究院生物医学研究所。所谓"中央研究院"，实在是徒有虚名，国民党政府从不曾拨发过足够的经费，科学家们从来也没有得到过任何保障。虽说是困难时刻，但彭家睦的心里知道，和平属于人民的那一天快要到来了。1949年5月27日，上海解放，我国最大的工业城市从此获得了新生。新生活就这样开始了，彭家睦在上海组建了一个幸福美满的家庭。

1956年毛泽东主席发出了"为迅速

彭加木在实验室工作

赶上世界先进科学水平而奋斗"的号召，彭家睦积极响应。他激动地写信给院长郭沫若。他在信中倾吐了自己炽热的衷肠："我志愿到边疆去，这是夙愿……我具有从荒野中踏出一条道路的勇气。"

彭加木在科考工作中

回到家里，他怀着深深的感情，吻了吻儿子和小女儿，同妻子告别。随后，他匆匆背上行囊，向云南进发了。他想起自己的名字"家睦"，早先是取为了家庭和睦之意，现在，时代变化，他已经成为一名光荣的中国共产党党员，干事业岂能囿于个人的小家庭！他决定把自己的名字改为"加木"。"加木"合起来就是一个"架"字，他决意要在上海与边疆的科学事业之间架设桥梁。他要献身边疆的科学事业，为边疆建设添砖加瓦。

1979年，彭加木被任命为中科院新疆分院副院长。1980年4月，他起程到达新疆，制订了一个罗布泊科学考察的计划。

这是彭加木向上级提出的一个科学建议。他打算用三年左右的时间，纵贯罗布泊，弄清湖盆资源。彭加木到中科院新疆分院各研究所征集人才，最后组成了一个罗布泊考察队。

通向罗布泊的道路极其险峻，国外不少学者都曾试图打通罗布泊洼地的道路，进行科学探险，但都以失败告终。5月，中国人的考察队进发了。

6月5日，经过28天的跋涉，考察队胜利地完成了史无前例的纵贯罗布泊核心地带的任务。6月17日，科考队再次考察罗布泊行动中，彭加木不幸在沙漠中失踪。

党中央和国务院得知消息后，先后组织了多次大规模的搜救行

龙华烈士纪念馆彭加木展区场景

动，但仍然没有找到他。

最终，人们只能遥祭罗布泊，让思念伴着心里的痛楚，去传颂彭加木的业绩和风采，缅怀他献身科考事业的无私奉献精神。

锐意创新

杨贤江

"从教育中获取新武器"
——青年人的革命导师杨贤江

人物介绍

杨贤江（1895—1931），浙江余姚人。1919年参加少年中国学会。1921年起在商务印书馆编辑《学生杂志》。1922年参加中国共产党。先后任中共上海地方兼上海区执行委员会委员、国民党上海特别市党部执行委员等职。参加组织上海工人三次武装起义。蒋介石悍然发动四一二反革命政变后，受中共委派前往日本工作。1931年在日本逝世。

1895年，杨贤江出生于浙江省余姚县。小学毕业后，由于家境渐衰，他未能继续读书，而是回乡成为了一名小学老师。有一天，他突然对父亲说："我打算辞去小学教员的职业，去杭州读书。"原来他觉得自己小学毕业的程度，还不足以成为一个教书育人的老师。"对教育的基本原理、科学上的知识不甚明了，就这样去教育别人，我心中感到很惭愧，既误了自己，又误了别人，不免成为教育的罪人。"1912年,他考入浙江省立第一师范学校。

毕业后,杨贤江来到南京高等师范学校,一边工作,一边继续各类课程的进修。在这里,他结识了恽代英——这位志同道合的朋友。两人时常一起探讨如何改造社会的问题,但此时的杨贤江,还坚定着"教育救国"的思想。

1920年,杨贤江思想发生了重大变化。这一年,他辞去南京高等师范学校的工作,前往广东肇庆的一所学校任职。粤桂军阀战争的爆发,使得他的一腔抱负付诸流水。等他抵达学校时,这里已然成为了兵营,他因而被困居在此地数十日不得脱身。这数十日里,杨贤江亲眼见到了战争的残酷和百姓的疾苦。后来回忆起这段时光,他说:"我从民国九年(1920年)起,就把自己革了命。"也就是从这一年起,他改变了救国出路的想法,也改变了自己的信仰,迎来了他崭新的人生。1922年,杨贤江加入了中国共产党。

1927年年底,上海的革命形势越发险恶了。党中央为保存剩余的革命力量,指示部分党员出国隐蔽,这其中就有杨贤江夫妇。杨贤江是我党早期的党员干部,参与了上海工人三次武装起义以及五卅运动的组织领导工作,同时他也是商务印书馆出版的《学生杂志》的主编。因此,在蒋介石发布的浙江省通缉令中,杨贤江作为

杨贤江所著《新教育大纲》

特重要犯，名列第三。万般无奈下，杨贤江同夫人姚韵漪东渡日本，避居京都。到了日本，他并未停止为党组织工作，主动担任起中国留日学生中党小组负责人的重担。他的行动也因此引起日本警视厅的注意，日本警察常常虚以登门"拜访"，实为监视。有一次，日本警察还对杨贤江说："你改了名字，其实我们都知道你是杨贤江，是共产党员。"以此威胁，不准他继续革命活动。但杨贤江却毫不在意，他继续为前来日本避难的共产党员——如郭沫若、沈雁冰等人，安排住宿，提供庇护。不仅如此，他还凭借着自己高超的社交能力，积极与华侨界的上层人士交往，由此"开辟"出了一条从日本取道海参崴前往苏联的绿色通道，保存下包括董必武、钱介磐、林伯渠等同志在内的更多的革命力量。

杨贤江还是一名杰出的马克思主义教育理论家。在那个腐朽的旧社会，他创新性地提出了一系列在青年教育方面的精辟见解。他潜心于研究马克思主义学说，以改造社会需要和青年实际情况为出发点，以马克思唯物主义历史观为思想武器，笔耕不辍，终于在1930年2月，写成了我国第一次运用马克思主义观点科学阐释教育原理的著作《新教育大纲》。在这本书中，他指明了社会教育事业发展的方向和前景。他在序言中写道："你若有志于教育工作，你就能从中得到新的武器。"许多青年也正是因为阅读了这本书，而从中获得启发和教育，逐步走上了革命道路。

"我们的战友"
——革命志士佘立亚

人物介绍

佘立亚（1897—1927），湖南长沙人。早年赴法勤工俭学。1923年赴莫斯科东方大学学习。1924年参加中国共产党。1925年回国后在郑州等地领导北方工人运动。1926年到上海任中共吴淞独立支部书记、中共小沙渡部委书记等职，积极发动反日同盟总罢工，开展沪西地区工人运动并恢复工人夜校。1927年上海工人第三次武装起义时，任中共上海区委委员，后被国民党反动派逮捕，于龙华就义。

1927年5月，在五卅运动两周年纪念日之际，尽管反革命势力制造的白色恐怖异常严峻，上海总工会还是设法编印出版了一份特刊《满江红》，刊文《我们的战友》，沉痛悼念上海总工会先后牺牲的四位重要干部，其中一位就是中共上海区委委员、区委职工运动委员会委员、沪西区工联会主任王炎夏，他的真名就是佘立亚。

佘立亚，1897年生于湖南长沙一个富裕家庭。21岁时，抱着科学救国愿望的佘立亚，自费前往法国留学。其间，佘立亚读了许多进步书籍，并结识了周恩来等一大批在法国勤工俭学的中国革命青年，在他们的影响下，他的思想产生了很大变化，并树立起了对马克思主义的信仰，于1922年加入了旅欧少年共产党，走上了革命者的道路。

1923年，佘立亚（前排左五）与周恩来（三排右六）、赵世炎（前排左二）、陈延年（前排左八）、陈乔年（前排左六）等代表出席在巴黎举行的旅欧少共临时大会的合影

1925年，年仅28岁的佘立亚听从党组织的安排回到了祖国，先后担任过中华全国铁路总工会书记、中共郑州地方党团书记、中共郑州地委职工部主任、中共豫陕区委委员及京汉路总工会郑州分会秘书长等职务。这年8月，他与王若飞、张昆弟等人筹建河南省总工会。经过半个多月的精心筹备，9月18日召开了河南总工会成立大会，佘立亚当选为省总工会委员。后来，他又被中共中央调至上海，担任中共吴淞独立支部书记，领导组织吴淞机

厂以及沪宁、沪杭甬铁路工人运动。

佘立亚调至吴淞机厂后，着手恢复因为缺乏教员而导致停办的工人夜校。他非常重视夜校这个沟通渠道，把夜校作为向群众宣传救国救民、改造社会的主要阵地，大力传播党的政治主张和革命理论。他亲自担任夜校的教员和校长，组织机厂及附近的大中华纱厂工人入学。他在吴淞镇木行街租赁了一处楼房，作为"友谊社"（即吴淞机厂工人俱乐部）的活动场所，在非常艰苦的条件下，利用有限的资源设立了各种文娱活动项目和书刊阅览室等。1926年5月，在五卅惨案一周年之际，佘立亚提议，在"友谊社"组织一次游艺晚会。经过一番精心筹备后，游艺晚会在"友谊社"开演。晚会上，佘立亚激情澎湃地做了纪念五卅运动的主题讲演，并演出了自编自导的一出戏——《鸣不平》，得到了现场观众的热烈反响。这些丰富的活动和特别的形式大大激励了工人同资本家作斗争的信心。不料，英籍厂主得到了消息，他带着多名武装警察冲进了"友谊社"，捣毁了会场，使晚会中断。"友谊社"被查封了，佘立亚也遭到逮捕，但是这场活动的影响却尤为深远。

经中共党组织积极地营救，佘立亚获释。出狱后，他根据中共上海区委指示，化名王炎夏，到中共上海区委小沙渡工人区任党部委书记。

1927年3月，担任中共沪西部委书记的佘立亚带领沪西的群众和工人纠察队，参加由周恩来担任总指挥的上海工人第三次武装起义。在中共中央特别委员会的缜密部署下，佘立亚带领的工人纠察队一举攻下曹家渡第六警察署和小沙渡第四区警察总局，然后又立即率队渡过苏州河，与攻下闸北警察二分署的工人武装配合，攻占了四区的警察局。工人弟兄

沪西工人纠察队攻打曹家渡

们无所畏惧，英勇无敌。上海工人第三次武装起义取得了胜利。尽管佘立亚已经数夜没有合眼了，但他没有感到丝毫疲惫，带着胜利的喜悦参加了上海区委会议，向周恩来、罗亦农、赵世炎等领导同志报告了战斗的详细经过。

上海工人第三次武装起义胜利不久，蒋介石就发动了震惊中外的四一二反革命政变，大肆屠杀共产党人。在白色恐怖笼罩之下，佘立亚仍以沪西区工联主任身份，坚持地下斗争。5月下旬的某天，沪西区工联所在地突然被特务包围，佘立亚和其他工会同志不幸被捕，关押在龙华监狱，不久后遭到敌人杀害。

佘立亚牺牲后不久，上海总工会在纪念五卅运动两周年的特刊上，发表了一篇题为《我们的战友》的文章，深切怀念这位为上海工人运动英勇牺牲的英烈。

报业巨子
——《申报》总经理史量才

人物介绍

史量才（1880—1934），江苏江宁人。1912年任《申报》总经理。"一·二八"事变后，任上海市民地方维持会会长，通过《申报》宣传抗日，大力开展募捐活动，出巨资支援十九路军抗日。并参与反对国民党政府"攘外必先安内"的方针，创办一系列社会文化事业，培养和教育了一代青年。1934年在杭州返沪途中遭国民党特务暗杀遇害。

随着现代科学技术的发展，人们可以很方便地通过手机、电脑等各种电子设备来阅读新闻，了解世界。但在100年前的中国，那时的科学技术水平远远没有现在那么发达，那时大众了解国家、了解世界最重要的渠道就是报纸。

当时在上海就有一份报纸，叫作《申报》，史量才正是《申报》报社的总经理。在那个动荡的年代，大家都在思考救国救民的道路。有人看到民众体弱生病，就去做医生；有人看到民众缺衣少食，就去办工厂。但史量才经过仔细思考、积极探索后发现，要拯救中国，只关注衣食住行可不行，还必须从根本上改变人们的旧思想，引导民众独立思考，从而通过社会舆论的力量来改变中国，他的想法是——办报救国。

要办报救国，就要提高报纸的发行量，让《申报》为人所熟知。作为《申报》的总经理，史量才进入印厂后，发现当时的报纸印刷过程耗时长，也没有采用现代化的分工方式，这样工作效率自然就不高，报纸的印刷量也上不去，导致发行量受限制。于是他不惜斥巨资建成了中国第一栋现代化的报业大厦，还从美国引进了当时最先进的印刷机，使印刷速度一下提高了24倍。据说后来每天天还没有亮，就有很多人在报馆门口排队等着报纸分发。

除了抓报纸的发行之外，史量才还创新地设立了广告科，上个世纪很多报纸都不重视广告，广告版面编排十分粗糙，甚至有些只有文字，没有图片。史量才非常具有商业头脑，他敏锐地意识到《申报》未来要更好地发展得依靠广告收入，于是他在报社内设置了广告推广部，派人上门招揽广告，同时发掘绘画人才进行广告设计，替客户进行图片设计和撰写文字说明，这一类似于如今的广告公司的做法，在当时无疑是领先于时代的。

《申报》不同于其他报纸栏目单调，设置了丰富多样的专栏、专刊、副刊，就像有的人爱看小说，有的人喜欢诗歌，有的人喜欢漫画一样，每个人的喜好不尽相同，史量才正是通过设置不同的文体类别满足了不同读者的需求，让各种思想呈现在报纸上，确立了"新闻报纸"的方向。当时的一些社会名人，像鲁迅、茅盾都相继地成为了《申报》的撰稿人。历史上，《申报》积极报道五四运动、四一二惨案、九一八事变，展现了其鲜明的爱国立场，是民众了解时政的一个重要渠道。

史量才审阅《申报》

就这样，史量才创新思想与实践，一步步将《申报》打造成为近代中国最具影响力的报纸之一。到了1926年，申报的发行量已经突破14万份，在我国新闻史上书写了光辉的一页。国民党政府当局看到了《申报》在社会上的影响力，想拉拢史量才，但史量才说："人有人格，报有报格，国有国格，三格不存，人将非人，报将非报，国将不国。"史量才不愿成为国民党反动派的附庸，他就是要把《申报》当做《史记》来办，通过报纸记录历史、唤醒民众，从而实现办报救国的初衷。

史量才愈往前行，步履愈坚定。他从报业巨子，转变成一位受人尊敬的爱国新闻事业家。以蒋介石为首的统治力量为维护其反动统治，恫吓进步力量，终于对史量才下手了。

1934年11月13日，史量才在杭州返沪途中不幸遭到暗杀。

史量才去世后，《申报》一度被占领上海的日军掌控。抗战结束后，《申报》在国民党政府手中几经辗转改为官商合办，最终沦为国民党官方报纸。1949年5月27日上海解放以后，《申报》遂因国民党的败退出版至第25599号宣布终刊。5月28日，《申报》馆有了新的名字、新的使命，转为《解放日报》报社，出版了《解放日报》创刊号。

李白

隐形收报机
——电台烈士李白

人物介绍

李白（1910—1949），湖南浏阳人。1925年参加中国共产党。1930年参加红军，次年参加无线电训练班，先后任师、军团无线电队政委，并参加中国工农红军长征。抗战开始后在上海从事与中共中央的通讯工作，先后设置六处秘密电台，曾三次被捕。1949年被国民党特务杀害。

1938年的一个深夜，一个年轻男子站在窗台前，他不动声色地透过玻璃看了眼窗外，马路上一个人也没有，一片寂静。男子迅速将窗帘拉上，转身从壁橱里取出收发报机。他将机器的电源接通，戴上耳机，全神贯注地按动电键。瞬间，屋子里响起了"嘀嘀嘀"有节奏的发报声。少顷，他又转动刻度盘，细细分辨着电流声中的信号。在他专注的眼神中，闪烁着无比的坚定。这位战斗在上海隐蔽战线上的同志叫李白。

1937年10月，由于党中央在南京公开设立电台的计划受阻，原本被派往南京的李白，改道前往上海，奉命在此建立秘密电台。当时，上海爆发了淞沪会战。曾经的十里洋场，在日军飞机、军舰炮弹的轰炸下四处是残垣断壁。眼前的种种残败景象，让李白更加坚定了在敌人占领区战斗的决心。就这样，在一间只有14平方米的小亭子间里，李白坚持用红色电波将党中央毛主席的指示传达给上海和华东各地党组织，又将日军的动向及时向党中央做了报告。

1942年的一天夜里，屋外突然响起刺耳的警报声。正在给李白站岗放哨的妻子，警觉地意识到情况不妙。果然，一阵急促杂乱的脚步声过后，一群荷枪实弹的日本宪兵冲进了李白的家。

李白早已在妻子及时示警后，收拾好了现场。此时的他正站在窗户前，端着一杯茶。面对闯进来的凶恶敌人，他从容不迫地问道："你们这是干什么？"

"深更半夜不睡觉，你在干什么！"

"睡不着。"李白不慌不忙地将茶杯放下，冷冷地看着眼前这群豺狼虎豹似的日本宪兵。

敌人见从他嘴中问不出什么，干脆在他家里翻箱倒柜搜查起来。最终，他们在活络地板下发现了一部留有余热的"收音机"。

当晚，李白和妻子被关押进了日本宪兵司令部，敌人连夜对他们进行了审讯。可不论敌人如何刑讯，李白始终不承认自己是共产党员。他一口咬定，只是在替"做生意的朋友"收听商业行情。另一边，日军的电讯专家对这台"收音机"进行反复研究，最终还是得不到确凿的证据。

这是怎么一回事呢？原来，当时李白使用的电台是靠一个个陈旧的零部件拼凑起来的，机器常常会发生故障，每回都要八路军驻沪办事处机务员涂作潮前往李白家中修理，这样很容易产生暴露的危险。于是，李白就主动向上级提出学习电台修理技术的申请。得到组织批准后，他以涂作潮为师，用心钻研电台安装、修理技术。两人还利用机器是由零部件拼成的这一特点，发明出

李白用以掩护电台的肥皂箱和修理电台的工具

一种"隐形收报机"。在收音机的电子管上临时安置两个活动的小线圈，用以替代收报机上的固定器件。当线圈套上的时候，这台机器就能接收电报信号；而当线圈被拔掉时，收报机就恢复成普通收音机。依托这一自主研制的装置，李白骗过了日军专家的眼睛，最终被释放了。

出狱后，党组织安排李白和妻子暂时离开上海，辗转前往浙江淳安设立秘密电台。一直到抗日战争胜利后，他们才又回到了上海。为了安全顺利地架起上海与延安之间的空中桥梁，李白又一次对电台功率进行改进。此前，李白和涂作潮就发现，电台功率过大会导致隔壁居民电灯忽明忽暗，极易被敌人察觉。他们反复琢磨、试验，将原先电台的功率从75瓦降到30瓦。这次回上海后，李白为了更好地保障电台安全，最终将功率降到了7瓦。

1948年12月30日凌晨，李白正在发送一份极其重要的电报，其中包括国民党为了防止解放军南渡长江的江防计划。为了让党中央能及时获得这份情报，李白必须立即发出这份电报。

突然，房间里的小灯泡熄灭了，几分钟后又重新亮了起来。李白知道，这是敌人在用分区停电的办法，搜索秘密电台。但他还是冷静地按着电键，坚持发完所有电报。当敌人破门而入的时候，李白发出了他生命中的最后一道电波："同志们，永别了，我想念你们！"

1949年5月7日——距离上海解放只有20天，李白同秦鸿钧、张困斋等12人被杀害于浦东戚家庙。1995年，李白烈士的遗体被迁入上海市龙华烈士陵园，安葬于烈士墓区。尽管李白烈士没有看到天亮的曙光，但他作为一个共产党员，为党和人民牺牲一切的勇气和决心，还有始终如一对电台事业的热爱、刻苦钻研的创新精神，值得我们永远铭记。

科研没有舒服路
——一代"焊神"曾乐

人物介绍

曾乐(1932—1996),广东中山人。1979年参加中国共产党。历任鞍山钢铁公司灵山金属结构厂工程师、冶金工业部建筑研究总院副总工程师兼宝山钢铁总厂工程总指挥部副总工程师等职,被誉为"焊神"。1986年,其被称为"焊接构造方面的经典著作"的《焊接工程学》正式出版。1990年被美国传记研究协会列入《国际殊勋名人录》。1996年在上海逝世。

1978年,上海宝钢一期工程正在兴建,这座正在建设中的现代化钢铁工程中,其中很大一部分是由无数钢结构焊接而成的,在当时堪称焊接界的"王牌"。这一年,宝钢也迎来了一位新上任的副总工程师——曾乐。

曾乐平时工作中总是穿着和大家一样的工作服,戴着防护面罩,乍一看和普通焊工没有什么不同,可是大家都知道,曾乐在焊接领域不仅理论精深,而且技术超群,被称为"工程界里文武双全的实干家",更有人尊称他为一代"焊神"。

1952年,曾乐毕业于同济大学机械系,恐怕连他自己也没

曾乐工作照
（宝钢股份企业文化部、宝钢历史陈列馆提供）

有想到，他会与焊接结缘，并且日后成为了这一领域的高级专家。大学毕业后，曾乐被分配到鞍山金属结构厂从事焊接工作，虽然与原来所学专业相去甚远，但是曾乐毫无怨言，他沉下心来做了一名小学徒，从最简单的杂活做起，虚心向老工人学技术。业余时间他还自学俄语，甚至为了节约时间学习，他上下班走路都是一路小跑。就这样，曾乐没日没夜地学习和实践，想各种办法提高自己的能力，以适应所承担的重任。自然，曾乐刻苦勤奋地学习和进取，为他以后在工作中取得卓越的创新成果打下了坚实的基础。

上个世纪五六十年代，由于国际局势的变化，原本一直协助我国搞研究的苏联专家忽然大批被撤走。当时，曾乐所在的北京冶金部研究院，由于没有掌握核心技术，多项研究课题一下子陷入极大的困境。当时，我国钢铁工业落后，国外不仅对我们技术封锁，连原材料都进行封锁，我国航天用的滚珠轴承钢无法进口，因而失去了供给来源……曾乐说："我从不向后看，也不向两边看，一直向前看。"面对困难，曾乐的表现和他的名字一样，充满了乐观。曾乐和同事们离开北京的研究所，一起到安徽农村，实地去寻找重要的工业原料，他们最终开发出了新的技术，成功炼出了我国急需的滚珠轴承钢。这项工艺在我国钢铁工业发展史上，占据极其重要的地位，是自1960年到1980年二十年间提高特殊钢质量的重要手段。

参与宝钢建设时，曾乐负责的工作是焊接宝钢一期工程中8.5万吨钢结构件。那时焊接工程正在紧张施工，经验丰富的曾乐凭借着超高的敏感性和洞察力意识到，宝钢作为一个由电脑系统控制的高度自动化企业，投产后，其运行神经中枢无疑就是那数以万计的高密度印刷电路板，按照当时国内的技术水平，一旦电路板上面一个元器件损坏，整块电路板就只能报废，但更换这块电路板将是一笔巨大的开销，而且电路板一旦损坏，对生产也将产生极大的影响。

随着微电子产业的发展，这种精密焊接已成为一门新的专业，但这个领域在我国还是一片空白。此时，曾乐擅长的专业是焊接上百吨的大型材料，微焊接是他从未涉足的陌生领域。展现在曾乐面前的高密度印刷电路板，正是他在焊接领域还未涉足的重要产品。电路板上焊接的都是只有指甲盖大小的集成块，上面的焊接点比芝麻还细，密密麻麻地分布在电路板上。

向未知的领域探索，岂有那么容易！宝钢建设正在紧张进行中，曾乐只能放弃休息时

曾乐和同事在研究电路板
（宝钢股份企业文化部、宝钢历史陈列馆提供）

间，自掏腰包买书买材料，自行钻研。上海的冬天寒风刺骨，可曾乐依旧冒着严寒，用一辆破旧的三轮车将几十公斤资料拉回了自己的办公室兼卧室。作为宝钢的副总，他能够拥有一间独立的宿舍。他的床铺从下铺搬到了上铺，后来他又把床板再次抬高，为的是留出更多的空间堆放他的各种工具器材、图册资料。

在这个简陋的房间里，各种实验试剂挨挨挤挤，显得狭小且寒酸，让人无法与设备齐全的精密实验室联系起来，但这并不能阻挡曾乐在这个"宝藏房间"完成他的科研梦想。

从这间陋室出发，曾乐硬是实现了精密焊接领域零的突破，仅仅用了九年时间，走完了国外近三十年的发展道路！值得一提的是，就在宝刚一期投产后的第二年，有一块电路板出现故障后，曾乐和助手们仅仅用了一周时间就完成了修复工作，为国家节省了近24万元修理费用，要知道这可是1987年，上海市职工一年的工资总额平均也只有1893元。

曾乐说过，搞科研，要创业，是没有舒舒服服的路可走的。曾乐正是用这样的话激励着自己，十几年如一日，迎难而上，瞄准着世界一流水平，孜孜不倦地奋斗，实现着自己的报国之志。

一生才能建桥梁
——桥梁工程专家李国豪

人物介绍

李国豪（1913—2005），广东梅州人。中国科学院院士、中国工程院院士。1956年参加中国共产党。先后参与设计武汉长江大桥、上海南浦大桥、钱塘江大桥，以及宝钢一期工程、上海大小洋山深水港建设等工程。曾获得国家科技进步奖、德国政府颁发的"联邦大十字勋章""歌德奖章"等奖项。1981年被选为世界十大著名结构工程专家之一。2005年在上海逝世。

李国豪是我国著名的桥梁及土木工程学专家，他一生都在钻研桥梁研究与设计科学，建造了许多桥梁建筑。当中国在桥梁建造方面被小看时，他用实际行动向世界证明了：作为中国人，我们行！

在20世纪80年代初，上海市决定修建一座大桥，以连通被江水分隔的浦东浦西两岸。当时由于两岸没有架设桥梁，常常需要等待轮船摆渡，经常一等就是两三个小时，极大地阻碍了浦东的开发建设。此时，一家日本设计公司提出可以免费为大桥设计，并提供贷款，但条件是此工程必须由日本公司承担，且该公司要

价非常高，开出的价格在当时的国内可以建设两座大桥了。这家日本公司之所以提出这么苛刻的条件，是因为他们认为：中国的桥梁建造业短期内不具备设计大跨度桥梁的能力。

如此小看中国的桥梁建造实力，中国人的桥难道不能自己建吗？当时市政府及造桥项目相关人员一时难以决断。这时，一个人毅然站了出来，他就是桥梁专家李国豪，作为中国桥梁界的领军人物，他不甘心建造桥梁需花费国家如此高的费用，更不愿意中国人被如此小看。于是，他决定带领团队攻克难关，向世界证明中国人具有自主设计大跨度桥梁的能力。

经过不断的钻研摸索，在1988年年初，由中国人自主建设的南浦大桥正式开工，1988年12月15日，打桩机打下了第一根钢管桩。1991年6月20日，南浦大桥盖上了最后一块桥面板。

整体桥跨度名列当时世界同类型桥梁第三的南浦大桥全线贯通，且造价不足日本测算的一半。日本桥梁界权威伊藤学参观大桥后感慨地说："我们本来以为中国工程师不敢自主建设这一工程，但是你们完成了，而且做得很好。按照你们的造价，我们做不下来。"

　　李国豪作为桥梁专家，向世界展现了中国工程人员的爱国情怀、民族志气和智慧。他建造的是有形之桥，让交通便利，天堑变通途；他建造的也是无形之桥，展示中国能力，为国争光。

从学徒到发明家
——工人出身的科学家蔡祖泉

> **人物介绍**

　　蔡祖泉（1924—2009），浙江余杭人。1949年参加中国共产党。历任复旦大学电光源研究所所长、复旦大学副校长等职。先后研制出新中国第一盏高压汞灯、第一盏碘钨灯和第一盏氢灯等十多种新型电光源。曾获国家科技进步奖、国家发明奖、国防部重大科技成果奖等。2009年在上海逝世。

　　现如今，拍X光片是医院一种常见的身体检查项目。可在上个世纪50年代，情况却并非如此。建国初期，一些西方国家不承认新中国政权，对中国进行了经济封锁和物品禁运。由于缺乏医疗物资，新中国初期的医疗卫生条件比较差，经常听说有人会患上"痨病"（一种肺病）。得了"痨病"，病人不仅无法从事体力劳动，还有可能会传染他人，这对病人以及他的家庭来说都是极为沉重的打击。这种在今天并不难治疗的疾病，当时却很难检查确诊和彻底治愈。造成这种困难状况的一个非常重要的原因就是当时的中国连一只医用的X光管都没有，X光管正是透视病人肺部病理的关键医疗器件。中央政府为此明确要求，中国必须

自主创造，自力更生，不能让小小的科技差距阻碍我国医疗技术的发展。

1951年，上海交通大学物理系研究室承担了攻克X光管技术难关的任务。但在X光管研制过程中，他们遇到玻璃真空技术以及玻璃真空系统的建立等各种难题。为了完成技术攻关，他们急需一位懂得玻璃制作的助手。经多方打听后，曾经在中法制药厂工作过的蔡祖泉成为了胜任这一任务的不二人选。因为，他在中法制药厂从事了十年的玻璃制造工作，他的主要工作就是研究玻璃真空技术。

从此，蔡祖泉从一名工厂学徒工走上光源研究的道路，他被调到上海交通大学，担任技术人员。

进入上海交通大学X光管研究室，蔡祖泉和两位教授一起开始技术攻关。他接到的第一个任务就是解决玻璃与金属铜圈的封接技术。虽然蔡祖泉在此领域有多年的经验,但他心里一点底儿都没有,因为以前他从未接触过这样的技术课题,难度很大。蔡祖泉咬牙从零开始,一边听从老师的指导,一边学习,一边做实验。经过夜以继日的反复试验,蔡祖泉最终提前完成了任务,解决了诸如铜和玻璃的焊接、钯极在高真空中熔铸和去氧等非常专业的技术问题,使玻璃真空度得到极大提高,这一技术的掌握,为X光管的成功研制提供了必要的技术条件。

在国家以及学校院系的大力支持下,技术小组之后的研究工作进展得非常顺利。1953年12月27日,《解放日报》刊登了一则消息——《复旦大学爱克斯光管研制实验室研制热电子式爱克斯光管成功》。1955年,中国第一只X光管正式诞生!X光管的成功研制填补了国内医疗仪器领域的空白,中国自主创造的能力让世界震惊,中国自我探索的成果又一次突破了西方国家对我国的经济和技术封锁。从此,蔡祖泉的名字与玻璃研究领域紧紧地联系到了一起。

1956年年初,党中央向全国发出了"向科学进军"的伟大号召。这一年也是蔡祖泉距离圆大学梦最近的一次。其实,因父亲早逝,蔡祖泉只读到小学三年级便辍学了,虽然已经成功研制了X光管,但他仍然希望能够报考大学继续深造。从1956年年初开始,他就一边工作一边学习高中知识,当年就成功考取了南京工学院(今为东南大学),这是当年全国16所重点大学之一。蔡祖泉已经开始憧憬迟来的大学生活了,他逢人便说,自己终于可以告别"只读了小学三年级"的历史而成为一名大学生了!

蔡祖泉考上大学的消息,却让上海交通大学的学校领导颇为烦恼。学校的科研工作正处于关键时期,作为骨干人员的蔡祖泉一走,可能会让攻关工作陷入困难。了解到这一情况,蔡祖泉犹豫了,"如果从个人来考虑,好不容易考上大学去深造,机会是非常难得的,但从学校发展的角度来考虑,还有好多事要等着我去做,走了怎么办?"最终,蔡祖泉放弃了大学深造的机会,静下心来继续开发和研究各种玻璃仪器和玻璃真空系统设备……

人生有很多选择。蔡祖泉选择的是一条艰辛的为国家创造和探索的道路。他成功研制了多项玻璃仪器和玻璃真空设备,填补了国内的多项技术空白,为国家的发展建设做出了极大的贡献。

蔡祖泉曾说:"如果没有事业心,遇到困难就会止步不前,甚至半途而废。"这种事业心激励着蔡祖泉在自力更生的科研创新道路上一直勇敢前行。

折纸飞机的男孩
——"两弹一星"元勋钱学森

人物介绍

钱学森（1911—2009），浙江杭州人。中国科学院院士、中国工程院院士。1959年参加中国共产党。历任中国科学院力学研究所所长、国防部第五研究院院长等职。先后参与了近程导弹、中近程导弹和中国第一颗人造地球卫星的研制。参与制定了中国第一个星际航空的发展规划，发展建立了工程控制论和系统学等。曾获得国家杰出贡献科学家称号、一级英雄模范奖章、"两弹一星"功勋奖章等。2009年在北京逝世。

"为什么你折的纸飞机总是可以飞那么远呢？"

循着声音，一群男孩挤在一起兴致勃勃地议论着。他们正在比试谁折的纸飞机可以飞得更远。一连好几周的课余时间，都被这样的纸飞机比赛所填充了。同学们纷纷加入进来，只为能够有机会挑战始终保持着第一名的男孩。这个男孩，名叫钱学森。

童年时的钱学森兴趣广泛，爱好阅读，因而他的父亲会经常给他买各种书籍。和所有那个年纪的男孩子一样，喜爱读书的钱学森渐渐地开始崇拜起故事里的英雄人物，希望将来能有一天成为那样的人。但他的父亲时常叮嘱他要好好读书，学习知识，长大后为祖国和社会做出贡献，同样可以成为一名英雄。

北师大附中是钱学森的母校，也是他少年时代的乐园。在这里他学习、画画、唱歌、做实验，对不同领域的探索启迪了他在科学上的创新思维。他后来在自然科学、社会科学乃至科学艺术等方面都有很高的学术修养。在课余时间，同学们则爱变着花样玩耍。不知从什么时候开始，男孩子们开始热衷于玩纸飞机，用纸折成飞机，然后比赛谁的纸飞机投得高，飞得远。而钱学森折的纸飞机总是飞得最远最高的那只。大家虽然不服气，但一连几周下来也没有人能赢过钱学森。

为什么同样是用作业本废纸折的飞机，差距却那么大？男孩们各自手上拿着大大小小的纸飞机，嚷嚷着要和钱学森再比一轮。但让他们无法明白的是，钱学森手中的纸飞机还是比其他纸飞机飞得更高更远。

几个同学好奇地把钱学森折的纸飞机拆开，对着阳光，想一探纸张中是否藏有什么。然而并没有什么意料之外的发现。钱学森说："我用的纸并没有什么奥秘，只是在折的时候会比较注意机头和机身的重量。把机头折小，纸飞机就不会因为太重而栽下来；机翼则不能太大，不然会兜圈子，当然也不能太小，小了就会不稳，而且也会飞不远。不过我也是在一次次飞的过程中发现这些现象并进行改进的。"

几个男孩用崇拜的眼光看着钱学森说完这些，然后迫不及待地动手折新的纸飞机，想要和钱学森再一试高下。

小小的一只纸飞机，却也同样在飞行中受到空气动力和浮力的影响。如何利用这些因素保持纸飞机的平衡和减少空气阻力，成为了决定纸飞机能飞多远的关键。虽说在当时，这位折纸飞机的少年，肯定不会联想到其中蕴含着如此复杂的物理知识，但这件事却深深地激发了他对航空航天的兴趣。

1934年，钱学森毕业于上海交通大学，1935年赴美国麻省理工学院留学，于1936年到美国加州理工学院航空系攻读博士学位，师从世界著名科学家冯·卡门。1947年，年仅36岁的钱学森,成为麻省理工学院最年轻的终身教授。他与导师共同完成高速空气动力学问题研究课题,创立的"卡门-钱近似方程"被世界各国的飞机制造厂广泛运用。

钱学森在航空和火箭导弹事业上取得的重大成就,让中国的导弹、航天技术向前推进了至少20年的水平。他与其他科学家在这种"创新精神的熏陶"下,造就了中国"两弹一星"试验的成功。

在中国的科学技术发展史上,正因为有许多像钱学森这样的科学家一直努力进取、兢兢业业,我们才能取得卓越的成就和进步。

司法改革的燃灯者
——"时代楷模"邹碧华

人物介绍

邹碧华（1967—2014），江西奉新人。1999年参加中国共产党。曾任上海市长宁区人民法院院长、上海市高级人民法院副院长等职。著有图书《要件审判九步法》。2009年被评为首届"全国审判业务专家"。2014年初开始主持上海司法体制改革，独创法院"案件权重系数"理论。同年12月突发心脏病殉职。2015年被中共中央组织部追授"全国优秀共产党员"称号，被中共中央宣传部追授"时代楷模"称号。

2014年12月10日，一位年仅47岁的法官突发心脏病，累倒在工作岗位上，永远地离开了他所热爱的司法事业。他，就是时任上海市高级人民法院副院长一职的邹碧华。

邹碧华曾获得北京大学法学博士学位，是一位学者型的法官。1988年，他从北京大学法律系毕业后，来到了上海，开始了长达26年的司法工作生涯。有人说法律是冰冷的，有人说在平凡的岗

邹碧华所著
《要件审判九步法》

位上做出创新是不容易的，但他却以个人的智慧和担当赋予了法律一层温暖的外衣。邹碧华在业余时间里发表了数十篇论文和许多专著。他在2011年的时候撰写了《要件审判九步法》，这本书在业内引起了极大的轰动，成为了当代中国一线法官的"教科书"。

邹碧华是司法改革的领跑者，是一位富有创新精神的"技术流"法官。以前律师必须到法院申请立案，通知全靠邮局信件，效率很低。后来，邹碧华在上海市长宁区人民法院率先推动了律师诉讼服务平台建设。在该服务平台上，律师不仅可以在线申请案件立案，还可以在线支付诉讼费用，根据不同案件的出庭时间申请审判预约。全市的律师可以在线检查文件，节省大量的时间和精力，以及出差成本，极大地提高了他们的工作效率。

作为一名法官，备受瞩目的上海市司法改革工作，是他一心牵挂的事。上海高院成立了司法改革领导小组并下设办公室。邹碧华明白，如果改革，那肯定会涉及利益问题，肯定会有争议问题。作为领跑者，他率领队伍展开了一场人员分类管理改革"攻坚战"。根据上海市的司法改革方案，法院人员将分成三类。其中，法务人员占33%，这意味着一些具有法官身份但不符合一线案件处理要求的法官无法进入职位，法官们因此十分关注，积极讨论。有人说，论资排辈"一刀切"是最没有风险的。还有人说，索性通过竞争上岗，将原有的一切推倒重来。究竟怎么做才更合理呢？邹碧华对此进行了深入的思考。他让司改办对全市法官的岗位意向、不同群体的诉求、薪酬待遇等方面展开了认真细致的调查分析。针对调查结果，他领导部门改革办公室在全市举办了30场专题讨论会，整理了五个类别的100多个关键问题。邹碧华在国家法院开创了案件权重系数理论，并设计了多项审判管理评价指标，以进一步完善科学的评价体系。在他的带领和坚持下，司法体制中的人员分类变得越来越科学和合理。

谈到司法改革，邹碧华总是充满激情。作为行业领跑者，他撰写的《要件审判九步法》被全国法院系统作为学习的范本。他在微信里给一位朋友这样写道："将来我判断自己人生的成功标志，是看我帮助过多少人走向幸福。"这就是他的价值观和幸福观！邹碧华在他的最后一次演讲中提到了"良性互动关系"，他认为法官和律师不应该相互对立、相互诋毁、相互勾结、违法违纪，这都是不正常的关系，应处理好法官和律师的关系，做到相互独立、相互配合、相互尊重、相互学习。

邹碧华，同时是一位"热心"

龙华烈士纪念馆邹碧华展区场景

的法官。2013年5月的一天，一位姓沃的信访者来到市高院，情绪紧张而激动，邹碧华亲自接待了他。原来，五年前老沃的母亲不幸在自家阁楼中葬身火海，他悲痛不已，认为物业公司应对火灾承担责任，将物业告上法庭，但由于缺乏证据，最终败诉。这几年老沃一直上访，可问题却始终得不到解决。邹碧华带着工作人员来到事故现场，耐心地听老沃介绍情况，并与消防部门讨论火灾原因，帮助老沃修缮阁楼。老沃被打动了，他感慨地对邹碧华说："你真是一个好法官哪！"

2014年，邹碧华突发心脏病，不幸去世。

"法官当如邹碧华"——这是邹碧华去世后，网络上被网友转载和引用比较多的一句话。邹碧华一生严于律己、刚正不阿，不办人情案、关系案、金钱案，敢啃硬骨头，甘当"燃灯者"，他用自己的一言一行诠释了一名共产党员对党和人民的一片赤诚之心。

梦圆地铁
——"上海地铁之父"刘建航

人物介绍

刘建航（1929—2016），河北深泽人。中国工程院院士。1952年参加中国共产党。历任上海市市政工程管理局副总工程师、上海市地铁工程建设指挥部总工程师等职。曾创建基坑施工的"时空效应"理论，撰写中国首部深基坑工程技术专著《基坑工程手册》和中国首部盾构隧道专著《盾构法隧道》，为上海地铁1号线建设奠定基础。先后获得全国科学大会奖、上海市科技进步奖等。2016年在上海逝世。

每个清晨，无数人涌向地铁车站，开启各自新一天的生活。据2019年中国"城市轨道运营里程"排名，上海以运营里程705公里高居榜首，全年日均客流1063万人次。在我们享受城市便捷交通的同时，你是否知道，有人为建设地铁倾注了自己一生的心血。他就是人称"上海地铁之父"的刘建航。

刘建航原名叫刘建，年少时的他一心想投身航运事业，便给自己的名字加上了一个"航"字。1947年，刘建航如愿考入了上海交通大学土木工程系。在校期间，正值上海解放前夕，他在穆

汉祥、史霄雯的带领下，参加了爱国集会、游行活动。穆汉祥烈士的名言"我愿做那地上的泥土，让人们践踏着走向光明"，成了刘建航一生的座右铭，他感慨地说："想到烈士们已经长眠地下，我们活着的人只有不断努力，为国家做出更多的贡献，才能对得起革命先烈。"

1950年年初，苏联专家团来到上海考察，建议上海修建地下铁道。适逢大学毕业的刘建航，开启了建设地铁与隧道的前期试验研究之路。但不久后试验就停止了，原本提出地铁修建的苏联专家们在多次失败后，认为在这样一个地质松软、建筑密集的城市中造地铁难于登天，甚至说出"在上海造地铁，就像在宇宙中，找一个支点，翻转地球"这样的言论。面对这样的论调，刘建航并没有退缩，他说："比起外国专家，我们更了解自己脚下这片土地的真实情况和特点,在上海建地铁,还得依靠我们自己来想办法。"1958年,刘建航进入上海地铁筹建处工作。1960年,他带领团队一头扎进了用芦席搭建起来的塘桥简易实验场,经过夜以继日的研究试验,终于在1963年完成了直径4.2米的盾构,总长100多米的隧道,取得了4.2米盾构法隧道实验的成功。刘建航并没有停下探索钻研的脚步,1965年,他带领团队在衡山公园地下开始试建上海市第一座地铁站,车站仅长80米,宽20米,高20米,以35米以下的中埋深度实施一站一区间,规模是按照3深宽节列车编组的停靠标准来建造的,以深井法施工。1970年,刘建航和他的团队又建成了直径10米的第一条黄浦江越江隧道——打浦路隧道。刘建航和他的团队将不可能化为了可能,向世界证明上海这种松软的地质可以用盾构和钢筋混凝土管片来建设地铁和越江隧道,做到了"豆腐上打洞"!

时间推移到1990年,为加速浦东开发开放的进程,适应上海城市的高速发展,满足百姓迫切的交通需求,上海要进入真正的地铁时代!但此时的刘建航已61岁高龄,本应子孙绕膝、安度晚年的他,突然意识到自己等待了三十多年的"地铁梦"终于要实现了,他毅然决然地担起地铁1号线总工程师的重任,全身心地投入到了工程建设的第一线。刘建航虽不是现场的总指挥,但坚持每天下班后赶往地铁工地现场监察。作为地铁1号线的重要站点之一——徐家汇站,是一个风险极大的深基坑工程。一天傍晚,刘建航在分析数据时,发现其中一个基坑挡墙位移速率突然增大，甚至开始变形，他怀疑有问题，便亲自爬上基坑检查，最终发现基坑少了12根钢制支撑，他立即下令所有施工人员停止挖掘。现场人员都劝刘建航尽快离开现场，但刘建航执意不肯，他边分析情况边指挥抢险，经过连续两个昼夜的抢险施工，终于阻止了重大事故的发生。紧接着在1号线地铁联通道施工的过程中，因上海的地质条件问题，工程一度陷入瓶颈，他又联合其他专家采用"冰冻法"作业，从根本上解决了旁通道在施工中可能出现的下沉及波及隧道沉降的难题，这在我国市政工程建设中，实属首创。就这样，在技术人员一步步的攻坚克难和创新实践中，上海的第一条地铁诞生了！

1994年，在地铁1号线完工时，刘建航迎来了自己65岁的生日。庆典上，刘建航激动地对媒体说："上海人的地铁梦，终于梦想成真了。"

习近平总书记指出："创新是引领发展的第一动力。"从第一段盾构隧道到第一条越江隧道，从第一座地铁站到第一条地铁开通，刘建航每一步都走得异常扎实，他用自己的创新实践改写了一个城市的交通体系。从60岁完成延安东路隧道工程后的10余年间，刘建航又相继主持了地铁1号线、2号线、3号线工程等多项重大工程，直到他86岁时仍能在各大工地上看到他的身影，他用自己的实际行动践行着自己"造地铁是我最大的梦想！我将一生献给地铁事业"的誓言。

播种未来
——"种子方舟"建造者钟扬

人物介绍

  钟扬(1964—2017),湖南邵阳人。1991年参加中国共产党。曾任复旦大学研究生院院长,生命科学学院教授、博士生导师等职。中央组织部选派的第六、七、八批援藏干部。长期从事植物学、生物信息学研究教学工作,率领团队在青藏高原上为国家种子库收集了数千万颗植物种子。2017年在内蒙古遭遇车祸不幸去世。2018年被中共中央宣传部追授"时代楷模"称号。

  在西藏大学,有一间小小的安置房,进门后的架子上摆放着植物修剪器、胶带、塑料袋等物品,旁边的衣架上还有一顶褪色的宽檐帽。这顶帽子的主人曾戴着它在西藏科考,足迹遍布西藏最偏远、最艰苦的地区,采集了上千种植物的近4000万颗种子。他叫做钟扬,曾是复旦大学研究生院院长,生命科学学院教授、博士生导师。

  在世界的屋脊从事植物采样工作,其中的艰难程度非亲历难以想象。每一种植物的样本数量要达到5000粒,濒危物种样本一般需要500粒。为了保证植物遗传信息独立,每个样本之间的

距离不能少于50公里，同时在整个西藏境内，任何一个物种的样本不能超过5个群体……因此，在奔波800公里后钟扬还要连续几个小时整理标本，一天只睡三个小时是他工作时的常态。他曾连续十几天腹泻，却坚持野外采样；也曾遭遇从峭壁上滚落的巨石砸中所乘的车辆；他曾在荒原里迷路，面临没有食物和水的危机；也曾在野外考察时度过没有取暖设备，煤油灯也点不亮，裹几件大衣也无法抵御寒冷，难以入眠的漫漫长夜……

"有些事情是难，但再难，总要有人去做。只要国家需要，人类需要，再艰苦的科研也要去做。"钟扬对学生这样说。

于是，他和学生互相搀扶着蹚过水量丰沛、水流湍急的雅鲁藏布江，用三年的时间登记了全世界仅存的3万多棵西藏巨柏；他们爬上海拔4150米的高山，只为寻获进行遗传学研究的好材料、"植物中的果蝇"——拟南芥；他还带领团队征服了海拔6100

米以上的珠峰北坡，到达了中国植物学界攀登过的最高点，采撷到珍贵的鼠麴雪兔子样本。

几十年如一日的科研生活虽单调却不乏味，经历过身陷险境的恐惧，也见过大美河山的壮丽；尝过风餐露宿的酸楚，也体味过收获"至宝"的欣喜。钟扬每次聊起自己从事的工作，总是充满干劲，他曾说："未来10年可能再完成植物收集工作的五分之一，如果能多培养一些人，大家协同攻关，20年就有可能把西藏的种子库收集到四分之三，也许再用30年就能够全部收集完。"

或许你会好奇，为何这位大学教授对种子这么执着？

为了应对气候与生态环境变化可能带给人类的威胁，为了人类的持续发展，保存种子就相当于在延续生命。地球上约有几十万种植物，如果能将大部分植物有用的基因收集起来，那将是一个巨大而宝贵的基因资源库，可以直接为科学家提供丰富的育种材料。"一个基因能够拯救一个国家，一粒种子能够造福万千苍生。"这就是钟扬坚定的信念。为了这个信念，他默默地投入到了这项漫长的事业中去，甘愿用自己的一生为祖国和人民未雨绸缪，造一艘满载希望的"种子方舟"，为祖国的未来保驾护航。

积跬步以至千里，乐于挑战的钟扬选择将他的"种子方舟"工程架设在作业最艰难的青藏高原。他说："这个地区，占我国领土面积的七分之一，植物种类占到了三分之一，有些地方可能百年来都无人涉足，植物资源被严重低估。"

钟扬这种对采集种子的热爱也延续到了他对学生的态度上。

他的每一个学生都被他视为宝贵的种子,悉心培育。

钟扬对每一位学生都十分用心,他会为他们制定个性化的学业发展规划;怕一些孩子不吃早饭伤了胃,他会习惯性地多买几份早饭;怕第一次走出西藏、前往武汉学习的学生在生活上有困难,钟扬还请在武汉定居的父母为学生们做饭。然而他却从不记得给自己的身体多一些休息,2015年脑溢血后,躺在病床上的钟扬一边吸着氧,一边指导学生……

长期在西藏工作,钟扬爱上了这片土地,他想把科研的种子播撒在藏族学生的心中,他想留下一支成熟的科研团队,他想让西藏的生态研究走得更远。为了让西藏的高校拥有培养高端人才的"造血能力",钟扬在西藏大学的生物学科建设中倾注了大量时间。生物学一级学科硕士点、生态学一级学科博士点是在他的努力下成功开设的;西藏大学的第一个国家自然科学基金项目、国家重大研发计划,是他智慧和心血的结晶。这些一点一滴积累下来的成果使得西藏大学生态学成为了国家"双一流"学科。

除了学术援藏、教书育人,他还把科普作为自己的"副业"。他常常在上海各大博物馆开设公益科普讲座,孩子们喜欢他把科普知识编成"段子"的幽默和智慧;他的实验室一直对中小学生开放,成为了孩子们的科学乐园。繁忙的教学、科研工作之余,他还参与了上海自然博物馆和上海科技馆的筹建,亲自为上海自然博物馆编写了近500块展板的中英文双语内容。多年来,他以上海自然博物馆学术委员会成员的身份进行公益科普推广工作。

钟扬曾经说过:"任何生命都有结束的一天,但我毫不畏惧,因为我的学生会将科学探索之路延续,而我们采集的种子,也许会在几百年后的某一天生根发芽,到那时,不知会完成多少人的梦想。"面对生死,他是如此的从容,而对于种子事业,他又是那么的坚定。

植物学家、科普达人、援藏干部、教育专家……无论在哪一个领域,他都用最温暖的方式种下希望的种子,种下梦想的种子,种下未来的种子。相信在不久的将来,中国的"种子方舟"必能扬帆起航,载着我们富足而强大的古老文明乘风破浪,驶向未来!

图书在版编目（CIP）数据

龙华英烈故事集 / 龙华烈士纪念馆编著. —上海：少年儿童出版社，2024.10. —（小学生红色阅读书系）.
ISBN 978-7-5589-2013-4
I. K827=6
中国国家版本馆 CIP 数据核字第 2024GG9341 号

照片、插图提供：龙华烈士纪念馆
插图绘制（部分）：黑牛

小学生红色阅读书系
龙华英烈故事集
龙华烈士纪念馆 编著

陆小新 策划
仙境设计 装帧

责任编辑 叶 蔚　美术编辑 章金昇
责任校对 黄亚承　技术编辑 许 辉

出版发行 上海少年儿童出版社有限公司
地址 上海市闵行区号景路 159 弄 B 座 5-6 层　邮编 201101
印刷 上海展强印刷有限公司
开本 720×1000　1/16　印张 11.5　字数 113 千字
2024 年 10 月第 1 版　2024 年 10 月第 1 次印刷
ISBN 978-7-5589-2013-4 / I·5260
定价 30.00 元

版权所有　侵权必究